流浪教師存零股

存到 3000 萬

全新增修版

周文偉（華倫）◎著

第2篇

觀念》**當股東　不要當賭徒**

第3篇

選股》到處求明牌 不如上街挑好股

第4篇

實戰》從零股累積 打造不斷電金流

打造財富水利工程
治源源股市之財

華倫老師（周文偉）是我中央大學土木系的學長，他出社會後有陣子擔任土木工程師的工作。雖然薪水不錯，但因為應酬多，日子久了身體出現問題。為了健康因素，他辭掉土木工程師的工作，後來當了好幾年流浪教師，現在則是專心於股市投資，並四處演講。

華倫學長出的幾本著作我全都有看過，也一直有在觀察他粉絲專頁上的文章。他的投資方法和歷程，讓我覺得他雖然已經不再當土木工程師了，但做的事情還是很像是在當一位工程師。只是以前是當土木工程師在蓋土木工程，現在則是當財富工程師，打造財富水利工程在「治水」。

古時的大禹治水是治滾滾黃河之水，華倫治水則是治源源股市之財。他堅持以基本面存股投資，分配到的股票股利、現金股息、借券收入和股價的上漲，就像他在開闢一條條的人工河

道，將股海中的財富，如流水一般引導溢注到他的水庫（股票總市值）裡。

剛開始，華倫學長的人工河道水量只是涓涓細流（2005年現金股息8萬元），股票總市值也稱不上是一座水庫，只是個小小的蓄水池（2005年股票總市值116萬元）。但靠著不斷閱讀、實戰、檢討，他一直增進「財富工程師」的投資能力，再加上超越常人的耐心和定力，到了2018年，華倫學長不計其他收入，光拿到的現金股息加借券收入已經達到186萬元，股票總市值更是超過3,500萬元（截至2018.10.26），是2005年時的近30倍。

大禹治水13年，三過家門而不入，雖然立下千秋不朽之功，但才新婚4天老公就離家這麼久，大禹的老婆和小孩肯定心裡難免會有怨。華倫治水目前也14年，以他這些年的成績，雖然他實際的家庭生活是不是幸福美滿外人不得而知，但純以擁有的金錢自由度和時間自由度而言，他肯定比一般人愈來愈有條件得到美好的家庭生活和健康快樂的人生。

華倫學長花了14年的時間做到，也許我們不如他，需要20

年、甚至 30 年才能做到，但這絕對很值得。寧願 20、30 年後金錢自由、時間自由，也不要一輩子都過得身不由己。更何況，你也許可以用和華倫學長一樣或比他更快的時間達成。

我相信，大多數正在看這本書的讀者們（包括我），也想過要和華倫學長一樣，擁有高度的金錢自由和時間自由。既然想要，就勇敢去追；想要，就從讀這本書開始。千里之行始於足下，只要找到對的方式，並持之以恆，相信你也可以達成願望。

《我的操作之旅：踏上專業投資人之路》作者

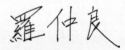

成功人生需靠努力
股市淘金則靠耐心

2015 年 9 月中秋節前夕，我的第 1 本書《流浪教師存零股存到 3000 萬》出版，在各大書店或網路通路的排行榜均有不錯的成績。這讓我有點驚訝。因為當時我並不是知名的公眾人物或財經部落客，我只不過是一位流浪教師。我把自己多年來不管是成功或失敗的投資經驗和大家分享，很感謝大家給我的回饋。

我常常在演講的場合中說道：「在我初入股市的時候，運氣很好，碰到大多頭行情，賺了點錢。但是好運不會一直都有，直到我幾乎賠光了所有的積蓄，我才體會到，『投資』和『投機』是不一樣的。當我一遍又一遍看完有關股神巴菲特（Warren Buffett）的書籍之後，我才真正開始『投資』，之後就很少賠錢了。雖然帳面上還是會有暫時性的虧損，但長期來看，我的股票資產市值是不斷成長的，我享受投資帶給我的樂趣和富有。」

還記得當年出版第 1 本書的時候，我仍在學校代課，每週要上超鐘點的 26 堂理化課（代課老師正常鐘點是 18 堂課），還有 2 天晚上要跑補習班兼課。我一直認為，努力工作賺錢，本來就是我人生最基本的事情，扣掉生活開銷後，我把閒錢拿去投資，這也是我持續不間斷在做的事情。

事實上，在 2015 年，我的股票市值約為 2,200 萬元，但我的書名卻是「存到 3000 萬」，出版社應該是把我沒有貸款的房屋市價 1,100 萬元也加進去了吧！接下來幾年，我持有的股票的獲利和配息也都穩定成長，而股價也不斷攀升，到了 2017 年年底，我的股票市值達到 3,300 萬元。

在這本全新增修版出版前，即便大盤指數從 2018 年 1 月 23 日盤中最高點 1 萬 1,270 點，下跌至 9,489 點（2018.10.26 收盤價），總共下跌了 1,781 點，跌幅高達 15.8%，我的股票市值仍舊超過 3,500 萬元。

長期投資是「正和」遊戲，堪稱百分百勝率

再回到主題，我們要如何分辨「投資」和「投機」的不同呢？

這可以引用美國波克夏公司（Berkshire Hathaway）副董事長查理‧蒙格（Charlie Munger）的話：「『投資』是透過分析研究之後，發現投入本金虧損的機率不大，經由時間複利的累積，獲得滿意的報酬；而『投機』則是當你買進股票之後，希望在短時間內，別人出更高的價錢把你手上的股票買走。」當你買進一檔股票之後，你是願意長期持有呢？還是希望在高價時脫手？從你買進的動機就可以知道，你是在投資還是投機了。

著有《我的職業是股東》和《用心於不交易》的作者林茂昌，曾提到「零和遊戲」和「正和遊戲」。所謂「零和遊戲」意指你做一個交易，不管買進或賣出，若賺錢時，那和你做相反交易動作的人就會賠錢，因為市場上就這麼多錢，不可能所有人都賺錢。雖然大家都希望賺錢的是自己，賠錢的是別人，但到頭來，賠錢的通常都是自己。

其實說零和遊戲算是客氣了，事實上，做短線交易，更有可能淪為「負和遊戲」的犧牲者。因為你每做一次買進交易，最高需支付千分之 1.425 的手續費給券商，而一次賣出交易要支付的費用更多，除了有前述手續費之外，還需額外支付千分之

3 的證券交易稅給政府，這些摩擦成本（friction cost）將嚴重增加你的投資成本。所以說，最後靠著零和遊戲達到財富自由的人很少，我們大家都要承認，這「很少」的人裡面，絕對不是我們。

但是「正和遊戲」則不然，假設你和我一樣，過去 5 年、10 年長期持有統一超（2912）、中華食（4205）或大統益（1232），那幾乎所有持有這些公司股票的股東都賺錢，沒有人賠錢。

散戶想追上專業投資人，少做比多做好

財經作家施韋德（Fred Schwed）曾經說過：「投機是一件吃力的工作，它可能無法成功地把一點點錢變成很多錢；而投資也是一件吃力的工作，但它卻能成功地避免把很多錢變成一點點錢。」不知道大家有沒有聽過一個故事，某人問：「要如何成為千萬富翁？」這個問題的答案是「你先努力賺錢成為億萬富翁之後，進入股票市場操作，不久你就會變成千萬富翁了！」這雖然是個笑話，但卻道出了股票市場的風險，如果沒有正確的投資觀念，在股市是很容易輸錢的。

　　而在班・卡爾森（Ben Carlson）所著的《投資前最重要的事》書中，也有類似的觀念。大家想要知道快速致富的祕方是什麼嗎？其實快速致富的祕方就是「沒有祕方」。以 2008 年登上《富比世》（Forbes）全球富豪榜榜首、2018 年也高居排行榜第 3 名的巴菲特來說，每年的平均投資報酬率約在 20% 上下。而身為散戶的你，想要勝過巴菲特，每一年賺 30%、賺 50%、賺 100%，甚至每天都要賺 1 根漲停板，你覺得有可能嗎？

　　在人生大多數的領域，「更加努力」是比較好的選擇，但在股票市場，更加努力不一定會做得更好。很多聰明絕頂的人常在股市犯下巨大的錯誤，比如說我認識的一些會計師、律師和醫師，都曾在股市中吃過大虧。我們小散戶要拉近與專業投資人或法人分析師的距離，只有一個方法，那就是「耐心」。一言以蔽之：「簡單比複雜好，長期比短期好，少做比多做好！」

　　這本書中還提到一個例子，根據 2015 年的統計，美國內華達州公務員退休基金的投資績效非常突出，遠比加州的公務員退休基金好。調查後發現，內華達州的退休基金操盤手只有 1位，他主要方法就是買了股票之後就擺著不動（當時被認為是

忽忽職守），而加州的基金操盤手卻有 200 位，大家都非常忙碌做研究分析，每天、每月、每季都出投資報告，當然也不斷「換股操作」，結果表現的績效非常差。若以投資績效來看，到底是誰忽忽職守呢？

只要有耐心、不寅吃卯糧，想不變有錢都很難

巴菲特說：「如果你沒有找到一個當你在睡覺的時候都能賺錢的方法，那你將工作到死。」2015 年，當時我在書中還在討論年金改革議題，如今（2018 年）政府大刀一揮，噩夢成真了，士農工商無一不遭波及。政府給的理由是，由於出生率降低，退休族群增加，領退休俸的人變多，而繳交保費的人變少了，所以政府 3 大基金（指郵匯儲金、勞保基金及公務人員退撫基金）在未來有限的年月恐將破產。如果這個理由是對的，那諾貝爾獎金怎麼說？諾貝爾獎金已經成立超過 100 年，從來沒有人繳錢給諾貝爾，但是獎金卻愈發愈多，怎麼諾貝爾獎金不破產？反而我們政府 3 大基金要破產？其實關鍵點就在投資，諾貝爾獎金單位做了正確的投資。

如果你不喜歡目前的工作、不喜歡你現在的上司，想要早一

點財富自由，而你的投資計畫只是希望將來能應付家庭所需、能多多出國旅遊、能不被工作所牽絆、能完成你幼時的夢想和渴望，而不是想要成為世界首富，那股票市場是可以幫你完成目標的。前面說過，我們不要和巴菲特比，我們只要每年能平均有 12% 左右的成長績效，花個 10 年、20 年，就能達到財富自由的目標，重點是選股、重點是耐心。

誠如巴菲特所說：「查理和我始終知道，我們有一天會變得非常有錢，但我們一點也不心急。就算你的財力比一般人高不了多少，但只要你沒有寅吃卯糧的習慣，經過漫長的一生後，你想不變得非常有錢都很難——關鍵在於耐心。」巴菲特現年（2018 年）88 歲，但是他卻有 95% 的財富是在他 60 歲以後創造出來的，如果你用「複利表」去計算，這是必然的結果。巴菲特的投資模式近乎「懶惰呆滯」，就是在合理的價錢買進好股票，並盡可能的長期持有。

自第一本書出版起，3 年下來，我認識了很多很多志同道合的好朋友，我們一起享受「存股」、「價值投資」的樂趣，網友們戲稱我們叫做「華倫幫」，也有不少好朋友和我分享他們錯誤的投資經歷。有位退休女教師在過去 3 年大多頭行

情中賺了400萬元，但之後短短半年內，除了把過去賺的400萬元吐回去之外，還倒賠400萬元，她2018年買的股票是被動元件族群國巨（2327）、華新科（2492）、奇力新（2456）；另一位朋友的母親則是高檔買進生產快閃記憶體的旺宏（2337），後來旺宏快速崩跌，也套了近千萬資金在裡面；還有高檔買進蘋概股和工具機族群的朋友，也身陷泥沼當中。

　　這些股票為什麼不是好的存股標的呢？到底哪些股票、哪些類股值得長期持有？長期持有的股票要如何辦理借券業務來多賺利息呢？稅改對存股族會造成哪些影響？股價上漲或下跌需要停利、停損嗎？有哪些公司因為護城河漸漸瓦解，必須持續關注甚至賣出呢？新手將如何買進人生中的第1檔股票呢？這些觀念我都會在這本《流浪教師存零股 存到3000萬》全新增修版中，一一為大家進行說明。再次謝謝大家的閱讀，也謝謝華倫幫的好朋友們，祝福大家早日完成財富自由目標。

周文偉

Chapter 1

回首》
流浪教師的
股海回憶錄

從把錢存郵局到學做股票立志用錢賺錢

　　我在嘉義出生，當時1971年，台灣證交所已經成立9年了；那個時候是人工撮合的年代，我的父母應該也還不知道什麼是股票。

由爺爺奶奶撫養長大，受姑姑薰陶成「賭王」

　　我由爺爺、奶奶撫養長大。1981年，奶奶過世之後，我和爺爺一起搬到高雄岡山，住在我的三姑姑家。三姑姑是個數學很好的人，當我還在念小學六年級的時候，她就請家教幫我輔導數學功課，為國中奠定基礎。難怪我國中最好的科目就是數學，真的非常感謝她。

　　三姑姑還有一項絕技，就是她的牌技一流，不管台灣麻將還是廣東麻將，都難不倒她。在耳濡目染之下，自己從小也就成了「賭王」。因為經常與表兄弟姊妹切磋牌技，我到國中就能

摸牌了。大一新生報到當日，就被大三學長叫去宿舍打麻將，結果痛宰學長，這應該是學長始料未及的。

當時三姑姑還將一點閒錢借給鄰居收一點利息，常聽到她說3分利（詳見註1）、2分利的，於是我學到了「利息」這個概念，原來用錢也可以賺錢。

1983年上了國中，我換到高雄市的四姑姑家住，這時股市撮合已經由電腦取代人工，電視也常播放股市節目。記得電視台有很多投顧老師的節目，我三姑姑、四姑姑、五姑姑合資參加了投顧會員，姑姑們每天熱烈討論股票，儘管我聽不懂那些專用術語，但已經開始感受到股市對於市井小民們的吸引力。

1986年上了高中，搬出去一個人住，生活起居還是由南部的姑姑照料。我沒有考上第一志願高雄中學，為此還傷心了許久。我念的是第二志願高雄師範學院附中（已更名為高雄師範大學附屬高級中學），師院附中很小，一個年級只有4個班，

註1：民間傳統借貸用語「3分利」即為利率3%，例如10萬元的3分利為利息3,000元，且通常計息週期為月，換算為年利率則為36%，利息比銀行高上許多。

加上制服很帥，所以我後來對於能背著「師院附中」4 個字的書包，感覺還滿驕傲的。

由於學校距離住家很遠，爺爺帶著我去自行車行買了一輛 12 段變速的腳踏車，牌子是英國品牌萊禮（Raleigh），萊禮後來和台灣廠商美利達（9914）合作。

在當時，捷安特（Giant）也是名牌，價位都不低，一輛要 5,000 元起跳。捷安特是自行車大廠巨大（9921）的品牌，現在巨大和美利達是台股的自行車雙雄，不管在台灣或在國際自行車市場，都具有舉足輕重的地位，可說是台灣之光（不過近年來，民眾逐漸愛上了露營、跑步、上健身房，自行車行業榮景不再。巨大和美利達 2017 年獲利嚴重衰退，股價也不斷重挫，這也是投資股票要注意的事情）。

上了高中不久，就聽到了爺爺在岡山去世的消息，剛聽到這個消息的時候，我沒有很震驚，也沒有哭泣，畢竟爺爺已經 95 歲高壽。只是高中的功課繁重，晚上都要念書到 12 點以後才能就寢，有時候躺在床上，腦海中常常浮現爺爺、奶奶的畫面。在數不清的夜晚，我的眼眶都是濕的，因為我始終無法

克制對爺爺、奶奶的思念,我知道我必須要更堅強。

台股上萬點,全家族瘋買股

　父母住在新竹,父親偶爾會來看我,有時會跟我聊到股票的事情;他教我如果一張股票價錢 20 元,你就要用新台幣 2 萬元才能買到,漲跌 1 角(0.1 元)就是賺賠 100 元,漲跌 1 元就是賺賠 1,000 元,這才知道原來家中長輩都已經投入股市了。

　我每天只有在晚間新聞才可以看到所有股票的收盤行情,紅字代表上漲,綠字代表下跌。當時我看到的大部分都是紅字,一個紅的三角形向上 0.5 元、0.8 元或 1.3 元,這種算術當然簡單,一天上漲 1.3 元就是賺 1,300 元。當時大包的統一科學麵只要 5 元,1,300 元可以買幾包呀!這比天天打麻將還好賺吧!

　而在 1989 年 6 月中國發生了震驚全球的六四天安門事件,相隔一個海峽的台灣,在兩週後大盤第 1 次上萬點。當時台灣是「錢多淹腳目」的時代,台股在 1986 到 1990 年初這

短短 3 年多，指數從不到 2,000 點大漲到 1 萬 2,682 點，是台股最榮耀的時刻，因為至今（截至 2018.10）完全突破不了這個關卡。

家族中投資股票最厲害的，是住在台北永和的二姑姑，那時候她是日盛證券的超級 VIP。股票賺了大錢之後，還送給我爸、三姑姑、四姑姑、五姑姑一人一輛 Toyota Corona，這輛座車就是日後我從中壢開到台北看球賽的工具。

也在 1989 年這一年，我考上中央大學土木系；其實志願是按照分數亂填的，也不知道土木系要做什麼。當年的大事還有中華職棒聯盟成立，我突然就愛上了兄弟象，後來發現棒球比賽當中，也有很多觀念可以應用在股票投資上，股神巴菲特（Warren Buffett）和傳奇基金經理人彼得・林區（Peter Lynch）也是棒球迷。巴菲特說，球要進入好球帶才揮棒，這和好股票也需要在合理的價錢出手是一樣的道理。

大一只能住在學校宿舍，當時中國廣播公司有實況轉播球賽（中廣在 2015.06.24 登錄興櫃，股號 8325，已於 2016.07.27 下興櫃），我和同學們都是用聽的。大一的功

課比較輕鬆，其中一門課「應用力學」是蔣偉寧教授執教。蔣教授不僅上課風趣，且把力學觀念講得淺顯易懂，相當引人興趣。他說，「上帝創造地球，土木工程師雕琢地球。」當時我想，我好偉大，將來可以雕琢地球，我應該沒有選錯科系。爾後蔣教授成了蔣校長，最後又變成了蔣部長（詳見註2）。

打工薪水存郵局，有利息就滿足

1990 年政府開始實施證交稅千分之 6 的制度（1992 年又調回千分之 3），股市從 1 萬 2,682 點崩跌到 2,560 點才止歇。猶記得家中長輩好一陣子沒有提起股票，其實我也不知道他們有沒有逃過股災。

身為大學生，當然要去打工。第一份工作就是到中壢何嘉仁書店，搬書、點書、整理書，當然也可以偷看書。當時就有不少股票書擺在架上，用完全看不懂來形容是恰恰好，每個字是都會念，但是組合在一起就不知所云了。

註2：蔣偉寧曾任國立中央大學校長，2012 年 2 月 6 日至 2014 年 7 月 14 日任職中華民國教育部部長。

打工賺了錢除了拿來吃吃喝喝，剩下的就存到郵局裡，這是我第 1 個金融機構的戶頭。我最喜歡每年的 6 月 21 日和 12 月 21 日，因為那兩天會有活儲利息印在存摺上，這是三姑姑教我的，錢不動躺在那邊就自己會生錢。

放暑假當然不能閒著，我選擇到工廠打工，那是中壢工業區一家生產機殼的工廠（當時鴻準（2354）也才剛成立，可成（2474）也不過 10 年歷史），這是我第 1 個有勞保紀錄的公司。

記得那裡的工作環境非常惡劣，廠內溫度應該超過 40℃，也許不止。當時和線上的作業員一起搬機殼，有很多姊姊和阿姨（不知道為什麼沒有哥哥和叔叔），只見工廠的領班一陣陣的狂罵、狂吼「動作快一點，沒吃飯呀！」我心想，大家真的都很努力工作了，心裡很是不平。有一次忍不住回頭瞪了那個領班，沒想到他竟被我的眼神震懾到，馬上閃到另一條生產線去，不過還是繼續罵人。

我想，這些姊姊、阿姨們就是沒有別的技能，才會屈就在這個工廠；而我有幸進入國立大學念書，想必將來會有更多選擇

工作的機會，心中一面為自己感到欣慰，同時也不免為工廠員工們感慨。日後當了老師，我常常舉這個例子來勉勵學生，希望他們當學生時就要努力，未來不要讓別人選擇你，而是要你去選擇別人。

其實，以前在書店、工廠打工賺多少錢我都忘了，只記得最好賺的是後來當家教。大二時，我幾乎天天晚上都有家教的差事，鐘點費 1 個小時少說有 400 元，最多曾經拿過 1 個小時 900 元的酬勞；最巔峰的時候，1 個月我就能賺 3 萬多元。

選修企管課，開啟股海人生

收入增加了，大三就搬出學校宿舍，在外面租了一間套房，也因此認識了一位有研究股票的資管系學長。以前在書店看不懂的股票書，在此時有了解惑的對象，許多專有名詞得到了答案，對於股票市場我愈來愈有興趣，對於土木工程本科系卻愈來愈沒興趣。

大三的課程繁重，結構學、大地工程、鋼筋混凝土、運輸工程都在這個學年度；但是此時，股票的相關學問才是我最熱中

的。於是我去商學院的企管系選課，立志要在畢業時拿到雙學士學位，我修了會計學、經濟學、統計學等；其中教我經濟學的王弓教授，後來還任職新竹科學園區管理局長。

上完王教授的課之後，我已經忘記了蔣教授曾說過哪些話，土木工程師要雕琢什麼，也不那麼重要了。令我振奮的是，我從會計學中，認識了損益表、資產負債表和現金流量表這幾張重要的財務報表。據說，已故的台塑集團創辦人王永慶先生，硬是把「損益表」稱為「益損表」，他說，「怎麼可以先『損』？當然是要先講『益』！」

而在修習企管系課程的此刻，我終於明白什麼是股票。原來，股票就是股份公司為了籌集資金，發行給股東的有價證券，股東持有股票，也就有了領取股息的權利。好比說，我和蔣教授、王教授合開 1 家便利商店，每個人出資 1 萬元，這樣我們 3 個人就各擁有 1/3 的股權。今年最後經營的成果是賺了 3,000 元，假如我們決定把這 3,000 元全部當成股息，那麼我們 3 人就可以 1 人分配到 1,000 元的股息。

而廣大的散戶，雖然不是公司的原始股東，但可以在股市買

進公司的股票，也等於是擁有這家公司的部分股份，當然也具有股東的身分，每年將會收到股東大會的開會通知書。公司賺了錢，若決定要配發股息，就會按你的持有股數分配給你。

這個買股票、領股利的概念，就是我目前在股市賺錢的重要源頭。可惜的是，我一開始並沒有領悟到這件事的重要性，反而在進入股市初期，跟大部分散戶一樣追逐明牌，企圖短線賺價差，飽嘗賠錢苦果。

1-2
初嘗甜頭太自信
淪落壁紙收藏家

　　原本立下宏願要拿下大學土木系、企管系雙學位的我，發現夢想和現實終究不同；要在 4 年內修完大學 2 個科系的學分，真是難如登天。1993 年我升上大學四年級，察覺到雙學位的目標勢必無法達成，因此只有兩條路可以選擇，第一是延畢念大五，第二是考預官準備當兵。我選擇了第二條路。

　　當時是這樣想的：如果晚一年畢業，我就會少賺一年的錢，不如早點當完兵，然後投入就業市場，因為我迫不及待要賺錢！

　　預官考試是在寒假，考場在台北，考試前一天，先借住在新北市永和的二姑姑家。那時，台股在 4,000 點到 6,000 點盤整，我在書房看書，還是依稀聽到電視在講解股票的聲音。我已非吳下阿蒙，電視上的解盤我多半聽得懂，甚至放下考預官的書本，專心聆聽投顧老師講解股市；最後乾脆走出房間，

直接到客廳和姑姑討論起股票。

結果那次預官考試我落榜了，我把原因歸咎於自己的不專心。我原本的盤算是：如果大學畢業去當大頭兵，被操個半死，1個月薪俸是5,000元；如果能當預官，至少不會這麼累，而且薪俸是1萬5,000元，很明顯當預官才是明智之舉。

只是預官沒考上，只好置之死地而後生，剩下一條路，就是念研究所；因為憑著研究所的碩士學歷入伍，直接就能當預官。經過半年苦讀，我終於如願考上中央大學土木工程研究所結構組，繼續當學生。

當家教玩股票，差點畢不了業

中大（國立中央大學簡稱）當時沒有股票研究社團，畢竟那時候社會的氣氛還認為投資股票是賭博，「玩股票」這種事情，不太適合出現在校園中。短短的兩年研究所生涯，可以做的事情不多，第一是繼續當家教、繼續存錢（此時我已從活存進階到定存，有1張2萬元的定存單）；第二就是研究股票。記得有一次和同學跑到中壢火車站前的「號子」（證券公司營

業處的俗稱），以前曾到過二姑姑的VIP室裡看過，這次自己進去，感到很新鮮；除了看到黑板上跳動的股價，也好奇研究每張不同顏色單子的用處。為了展現賭王本色，一度想要和同學一起開個戶直接下單了，後來因為同學有所顧忌才作罷。

第三，自然是研究生的本業——做學問。這部分花的時間占比最少，教授甚至差點不讓我畢業；當時年輕氣盛，對於從小到大功課都在前段的我來講，簡直是晴天霹靂！不能畢業，這是何等的羞辱？我怪天、怪地、怪教授，就是不怪自己，因為那時候認為自己永遠不會錯。

看報買股，10天賺到預官月薪

後來我才發現，自己犯的錯誤很明顯，因為我根本不夠努力。日後我也常用這個例子來警惕自己、也警惕學生，其實很多時候，重大的錯誤都是自己造成的。做錯事情，反省改過是很重要的，尤其在股票市場，執迷不悟的人下場會很慘。

我終究還是順利畢業，拿到碩士學位，但卻是在同學們離開學校後的兩個月；那一天是 1995 年 7 月 16 日，距離我入

伍服役7月18日不到兩天。軍旅生活就和大家想的差不多，規律的生活、規律的飲食，是訓練身、心、靈的好地方。

我服役的地方是在嘉義中坑，預官役在部隊裡可以當上少尉排長，所以我有自己的排長室。放假時，我會買些財經雜誌回到部隊研究；印象最深刻的是每週日的晚報，都會刊登所有券商、法人專家推薦的潛力股，還會加註星號，5顆星代表最強力買進的評等。

當時所有版面幾乎都由電子股所占據，但是電子股的價位都很高，股價都要好幾百元，買一張得花個幾十萬元。人們真的很容易受到外在環境的影響，當時所有的論點都指向「台灣的經濟發展要靠高科技」、「高科技有無限可能」，完全沒有股票實戰經驗的我，也感受到這股氣氛。不過，看看戶頭只有新台幣10萬元，電子股可以不用考慮了。

我挑到一檔和電子股有關聯性的化工股長興（1717），在晚報上的評等是5顆星。長興雖然是化工股，卻有生產電子材料；其實我也沒有認真搞清楚長興生產哪些產品，只看到報紙的介紹，加上自以為是的判斷，就買進了人生第1檔股票。

　　由於不懂交易規則，我是在開盤前用市價敲的，好險成交在平盤價 72 元（詳見註 1）。五姑姑知道我開始買股票了，對我説：「第 1 次買股票，一定要賺，得好彩頭。」其實在那個年代，買股票要不賺都難，才不過 3 天，股價就漲了 4 元，等於 1 張賺 4,000 元，幾乎是預官月薪的 3 成。從來沒有這樣賺錢經驗的我，看到憑空而來的新台幣，心中有説不出的爽快！

　　賣掉長興後，接著以 48 元買進當時代號 2335 的清三電子（2006.07.12 下市），過兩天以 48.4 元賣出；再以 46.2 元買進代號 2341 的英群（2010.10.16 下市），6 天後以 48.9 元賣出；緊接著以 36 元買進廣宇（2328），10 天後以 47.8 元賣出，賺了 1 萬多元。當時這算是我的代表作了。對於一個在部隊服役的小伙子而言，是一筆很大的數字，而且

註 1：

市價：下單買賣股票時，自行設定價位稱為「限價」。股市交易是以「價格優先」為原則，例如買進股票時，價格設定愈高，則愈優先撮合；若設定價格較低，到收盤時都沒有願意以該價格賣出的賣單，那麼當天則不會成交。若要用「市價」買進，代表要用最快速度成交，通常會用漲停板下單買進、跌停板下單賣出，但實際成交價會以當時撮合狀況而定。

平盤價：跟前一交易日收盤價相同的價格。

038

可以說是不勞而獲，但天下真的有不勞而獲的事情嗎？

退伍遇亞洲金融風暴，套房住不完

那一段時間，看報紙、看電視成為我的選股來源，而買進的理由是什麼呢？因為我看看K線圖就覺得要漲的樣子。當時積蓄大概只有十幾萬元，攤開集保存摺，我陸續進出嘉食化（2007.04.11下市）、裕民（2606）、中紡（2006.06.26下市）、神達（3706）、麗正（2302）、大業（1999.02.10下市）、達欣工（2535）、燁輝（2023）、紐新（1999.06.30下市）、台硝（1724）、寶祥（2005.01.05下市）、長谷（2003.01.22下市）等。

和大部分散戶一樣，賺點小錢的就賣，下跌的就不賣，給它套牢，反正不賣就沒有賠。1997年8月，台股攻抵1萬256點，這是第2次上萬點，也就因為太好賺了，所以更加跟著我的感覺走。只要電視有講、報紙有寫，在我看來都是要漲的，渾然不知我正走向萬丈深淵、不可救藥的地步。

果不其然，1997年退伍的時候，滿手套牢的股票，嘉食化、

寶祥、大業、紐新、中紡、長谷，終究難逃下市命運，就這麼變壁紙了，之前賺的應該都吐回去了吧！此時台灣經歷亞洲金融風暴的洗禮，大盤已經崩跌了快 5,000 點。第 1 次回到新竹家中和爸媽同住，看看郵局存摺裡面只剩下 4 位數的餘額，集保存摺則都是套牢的股票。

2000年追科技股，不惜貸款進場

我的第 1 份工作，是在台塑關係企業旗下的工程部擔任土木工程師，碩士學歷試用期 3 個月過後的薪水，可以領到 5 萬元，跟我當時套牢的股票總市值差不多。薪資超乎我原先的預期，但是土木營建界的文化卻一如預期——每天下班後，就是應酬喝酒、大魚大肉。可以不要去嗎？答案是可以，但是我愛去，因為不用自己花錢。

沒想到，體重成長的速度比股票上漲的速度還快，肝指數也遠超過我一年上班的天數。這樣的人生是很有問題的，只是仗著自己是年輕男子漢，還是每天晚上繼續應酬、繼續喝酒，絲毫不覺得有什麼不好。甚至，為了要快速累積財富，我又開始接補習班的課，每個月多了 1、2 萬元的收入。

到了 2000 年 2 月，台股再度重登萬點之上的 1 萬 393 點，我的股票卻沒有解套。不過以當時的收入來看，我手中的套牢股票可以說是「一片蛋糕」（詳見註 2）。

我又重回炒股老本行，這次帶領大盤上攻的還是高科技股，當時造就不少電子股王：

禾伸堂（3026）999 元

華碩（2357）890 元

廣達（2382）850 元

威盛（2388）629 元

敦陽科（2480）550 元

技嘉（2376）430 元

智原（3035）411 元

思源 385 元（2012.11.30 下市）

精碟 359 元（2009.04.08 下市）

錸德（2349）355 元

華新科（2492）328 元

註 2：為美國俚語「a piece of cake」直譯，比喻小事一樁、非常容易解決的事。

像我這種趕時髦、追流行的人怎能錯過這場盛會？立馬買進錸德、華碩、金像電（2368）等股票，但因子彈有限，所以多半是買零股，自己的資金也很快就用完了。

買進之後除了錸德大漲之外（因為大家害怕千禧年電腦無法運作，所以光碟片很好賣，用來備份資料）， 華碩和金像電都一直下跌，仁寶（2324）此時已經跌到 105 元了（當時筆電代工前 5 大廠分別是廣達、宏碁（2353）、英業達（2356）、仁寶、華宇（2381））。

於是我向誠泰銀行（2005 年底被新光銀行合併）借了 10 萬元，信用貸款的利率是 12.3%，買進仁寶 1 張。當時一點風險意識都沒有，心想，股價若能從 105 元漲回 158 元我就賺翻了；利息，不過又是「一片蛋糕」。

散戶的宿命就是常常追到最高點，在我買進後，仁寶並沒有如願漲回來。而散戶又有一個共同點，就是不認錯，隨著電子股的回檔修正，而且套牢已深，就索性不想去管股價了；反正工作還有薪水，股票總有一天會再漲回來，這是我當時的信念。

網路泡沫股價不回頭，朋友的錢一起賠

2000 年中旬，想要離家生活；因為從小到大一個人生活慣了，住在家裡，除了要試著和爸媽一起生活，還有和不熟悉的外公、外婆相處，有點無法適應，所以積極地看房子。

由於剛退伍，沒有購屋經驗，遠住在台南的六姑姑獲悉之後怕我被建商騙，馬上坐立榮航空的班機，飛來新竹陪我看房。六姑姑是我最小的姑姑，雖然她只比我大 11 歲，但是真的比我媽媽還要像媽媽，從當兵開始就常常關照我。她在我三十而立之前的歲月，給了我很多精神上和金錢上的協助，在我人生幾個重要的轉捩點，給了我重要的建議，連老婆都是六姑姑幫我看過的。我常在想，如果沒有六姑姑，大概就不會有現在的我了吧！

我們在竹北火車站前，看上了一間 30 坪的小公寓，六姑姑幫我殺價殺了幾十萬元，含車位的總價要 360 萬元。當時我手上現金只有 10 萬元，賣掉所有股票之後，也不想算到底賠了多少，加一加只拿回不到 30 萬元。最後向六姑姑借了 50 萬元，再向銀行貸款 280 萬元，搬到了新家，摩拳擦掌準備

展開新的人生。

人嘛！總是要往前看，股票輸了又不是世界末日。而我當時身上只有負債，完全沒有現金，如果把我當成是一家公司，肯定隨時有倒閉風險。

為了要趕快把賠的錢賺回來，晚上補習班的課兼了更多，再把房子隔出兩間出租。當時是以腳踏車代步，所以車位也可以租出去，這樣每個月又多了 1 萬元收入。我當時的薪資已經達到 6 位數，每個月還給姑姑 2 萬 5,000 元、房貸 1 萬 8,000 元，照這樣還錢的速度，我想很快就可以把錢還完。

這個時候認識了一個女生，她是政大畢業的高材生，和朋友合開美語補習班，工作幾年存了幾十萬元。我跟她說，我是股神、我對投資股票很有研究，還很有自信地分享，「現在是牛市修正，正是撿便宜的時候；敦陽科、思源，還有未上市股票創意（3443，於 2006.11.03 上市）和超導國際都是產業龍頭，是績優股……。」

我想她應該不知道我在說什麼，我想連我自己也不知道在

說什麼（男人是很奇怪的動物，講話一定要很深奧讓女生聽不懂，認為這樣才能吸引到女生）。股神巴菲特（Warren Buffett）說：「上帝不會原諒一個不知道自己在做什麼的人。」我想巴菲特應該是在說我吧！

當年的我憑著無敵的自信，又把自己多出來的錢，全部投入股市。那位聽我講股票的女生，也給了我一筆錢請我代為投資，我幫她買了創意還有超導。

結果，同樣的事情一再重演，買進後股價下跌，我繼續往下買敦陽科和思源的零股，敦陽科買了 900 多股，思源從零股累積到 1 張。當時敦陽科和思源的股價已經從幾百元跌到 50 元（當時是 2000 年的網路泡沫），創意也跌到 40 元、30 元，後來我又買了 10 張，讓創意集滿 15 張。

拜 2000 年網路泡沫之賜，我很多持股的股價，都像瀑布一樣一去不回頭。其中，未上市股超導很快就沒有交易，又變成壁紙，我怎麼專門蒐集壁紙呢？也太神了。

1-3
站在股神肩上
持股市值6年躍增1700萬

2000 年真是身心俱疲的一年。除了手上股票下跌，自己資產縮水之外，也害到拿錢給我投資那個女生的資產大幅縮水，我非常過意不去。當時自己的體力也大不如前，白天工作、晚上上課，就差沒昏倒而已，常常感覺睡眠不足；到醫院徹底檢查，發現肝指數快要 300（正常值是 40 以下）。

醫師囑咐我要休息，不能喝酒，於是我只能辭去白天的工作，晚上在補習班上課，此時收入掉了一半。所幸，此時已經將姑姑的 50 萬元還清，白天沒事的時候，基於對投資的興趣，也買了股神巴菲特（Warren Buffett）、價值投資之父葛拉漢（Benjamin Graham）、傳奇基金經理人彼得·林區（Peter Lynch）的書來看。

當初只是想打發白天的時間，沒有想過要再重回股市翻本的事情，但讀著讀著，卻深受感動。巴菲特強調，我們投資的是

公司本身，而不是股票，要選擇簡單易懂、壟斷寡占、產品經久不變的公司。而彼得‧林區則強調要從日常生活中選股。當我反覆看著投資大師的鉅作，心想：「難道這就是『價值投資』？」反觀之前在股市走的冤枉路，代價還真不小。

休養生息期間，開始研究價值投資

　　經過幾年的休養生息，戒掉了不好的飲食習慣，之前大魚、大肉、燒烤、醃漬品什麼都吃，就是不吃青菜水果；啤酒、汽水、奶茶、咖啡什麼都喝，就是不喝白開水。我永遠記得竹北東元醫院肝膽腸胃科蔡明杰醫師的訓誡：「如果再不改掉壞習慣、再喝酒，以後就不要來找我了。」

　　從此，我開始粗茶淡飯、飲食均衡，多吃蔬果，只喝溫開水和鮮奶；又養成爬山、慢跑、游泳的習慣，體重因此減了 8 公斤。

　　這段時間，除了身體逐漸恢復之外，其實心靈上也有了新的寄託；每當我在跑步的時候，感覺身體是無比的舒暢，內心也是無比的清明。我覺得，當我看的書愈多，就發現我懂得愈少，

我非要把價值投資弄懂不可。

　　這次決定洗心革面、「改邪歸正」的重要關鍵之一，也是為了那位女生。其實我賠了自己的錢不打緊，再賺回來就好；但是我把那個女生的錢也賠了大半，看來只能把我的後半輩子賠給她了。在我這麼有誠意的道歉之下，那個賠了大錢的女生，最後當了我太太，當她願意下嫁的那一刻，我決定要把她賠的錢百倍奉還。

瞄準民生消費產業，將生活結餘拿去存股

　　身體好轉後，我已經不想再回到土木營建業；除了晚上持續到補習班教課，白天也找到了一所學校擔任代課老師。學校給我1小時360元公定價，1個月有近2萬元的收入。2005年，我開始買進一些簡單易懂的民生消費公司，例如：16.2元買進生產中華豆腐的恆義（4205，後來改名為中華食）；29元買進提供汽車租賃與貸款服務的裕融（9941），這是格上租車的母公司；29元買進第四台業者大豐電（6184）等。

　　當時大盤指數來到6,000點左右，台積電（2330）入股

創意（3443），台積電副董事長曾繁城變成創意電子董事長，並且登上興櫃，股價也慢慢回來到 50 元左右。這使得我的股票資產第 1 次破百萬元，達到 116 萬元，這一年還外加 8 萬元現金股息可領。

此時，兒子的出生打亂了生活和工作的步調；我們夫妻決定賣掉竹北的房子，搬到桃園平鎮區，老婆的娘家也在那邊，可將兒子託給岳父和岳母幫忙照顧。

平鎮區的新房較大，70 坪加裝潢一共花費 800 萬元左右；我們向銀行貸了 500 萬元，每個月扣除房貸、孝親費、日常開銷，尚有餘錢可以投資股票。有時候剩餘的錢無法買到 1 張股票，只能買零股；從那個時候開始，養成了買零股的習慣，甚至當月只有 2,000 元結餘時，我也會拿去存股。

創意在 2006 年底上市，立刻上演蜜月行情，經過幾年的配股，從原本的 15 張成長到 18 張，再加上繼續買進恆義（中華食）、裕融、大豐電等高殖利率股票，到了 2006 年底，我的股票市值已達 386 萬元，而我代課的學校也累積到第 4 所。

代課老師一年一聘，立志及早存到退休金

流浪教師是這樣的，除了你的表現要受到學校肯定，還要看下一學年學校的老師人數、學生人數、班級數，以及看你任教的科目有沒有代課老師的缺額？如果沒有缺，就必須另謀出路。

每年 6 月底學期末，代課老師就要拿著離職單到各處室，請主任、組長蓋章，蓋完了章，表示你已經完成了這一年在學校的工作了。接下來就要等到暑假 7 月中，上網查詢各學校有沒有開出缺額，然後再去報考，通常要考好幾所學校。

在甄試的時候，也常會碰到熟人。這些朋友算是同為天涯淪落人的夥伴，也算是競爭對手；只要在口試、試教都打敗他，你就有資格在這個學校當 1 年代課老師。

由於理化老師還算搶手，所以每年應該都有機會可以到學校代課，只是常常要換學校就是了。也因為這種不安定感，我心中一直有個想法——要在所有學校都不要我之前，存到退休金。

遇金融海嘯續存股，1年後資產累積到千萬

到了 2007 年，我的股票資產已經累積到了 562 萬元。但是 2008 年發生了百年難得一見的金融海嘯，全球股市崩盤，所有股票暴跌；我的股票也不例外，股票資產瞬間腰斬。

心雖然痛，但不能失去理智，牛頓（Isaac Newton）說：「如果我看得比別人更遠，那是因為我站在巨人的肩膀上。」我想，巴菲特的投資哲學是我所景仰的，我覺得應該要站在巴爺爺的肩膀上，因為他是一個巨人。當大家悲觀的時候，就是我貪婪的時候；此時我根本不管電視、報章怎麼說，也不理會恐慌指數是多少，反正就是一股傻勁，堅定信念，繼續努力工作，兼差賺錢，此時代課的學校來到第 6 所。

因為已經有了幾年存股的經驗，心想，一定要把握住這千載難逢的機會。當時全國電（6281）淨值有 19 元，股價剩 22 元，就是說，把全國電子所有資產存貨賣光，每 1 股也還有 19 元，我花 1 股 22 元的價格扣掉淨值 19 元，相當於用 3 元買下全國電子全台 300 家分店的經營權，太划算了！不景氣不會持續到永遠。

還有，生產桂格燕麥片的佳格（1227）股價剩不到 15 元，不景氣不用喝燕麥片嗎？不用喝奶粉嗎？不用買「得意的一天」葵花油炒菜嗎？當時我從 18 元以下買進佳格、順發（6154）16 元、燦坤（2430）22 元、遠傳（4904）31 元、台灣大（3045）55 元、中華電（2412）60 元。

金融海嘯很快過去了，2009 年底台股上漲了 78.4%，我的股票資產已經達到 1,100 萬元，外加 43 萬元的股息可領。

買股就像做生意，要懂得汰弱留強

由於投資理念的轉變，我將價值投資者比較不會碰的電子股賣掉，出清創意、思源（於 2012 年 11 月被新思科技購併而下市）、敦陽科（2480），繼續買進佳格和電信三雄股票。到了 2010 年底，股票資產已經累積到 1,300 萬元，以及 73 萬元股息，這時候代課的學校也達到第 8 所。

記得剛搬來平鎮區時，住家附近的小吃店還不太多；但這幾年台灣流行炒房，我們住的地方緊鄰大潤發，離交流道又近，建商不斷在此推案，人口也不斷流入；馬路上的小吃

店、飲料店、火鍋店也是一家接一家開。有一次看到馬路上掛著紅布條，心想應該又有人要開店了，且一連3家，都是同一個老闆；一家是花蓮扁食、一家是冰店、另一家是八珍鳳姐。

3家我都去吃過，但總是花蓮扁食的生意最好，1年過後，冰店和八珍鳳姐就收起來了。這道理非常明顯，冰店和八珍生意長期不好，總不能一直虧損下去，快刀斬亂麻是最上策。扁食生意好，當然繼續留著，因為這家店可以一直帶來現金流，一直賺錢。

彼得‧林區曾說過一句話：「大家喜歡摘掉茂盛的花朵，卻習慣在雜草堆澆水。」用在剛才的例子，就是你把賺錢的花蓮扁食店獲利了結出場，然後將冰店和八珍鳳姐擴大營業；投資人喜歡賣掉好的股票獲利了結，然後攤平業績不好下跌的股票。這種做法是不對的！

2011年，大盤在7,000點左右打轉，逛街找股票早已成為我的習慣。同時，我也發現自己的消費行為在改變，我到賣場、到書店、到3C產品店不是去買東西，而是去比價，然後

回家網購；燦坤電器和全國電子的人潮真的不若以往，當然股價也修正了 1 成。

　　至於桂格麥片、奶粉系列的產品賣得還是很好，股價持續上漲，早已超越了燦坤和全國電。如果是按照以往玩股票的邏輯，我可能會賣掉賺最多的佳格，然後去買大幅回檔的燦坤；但是現在不會了，我投資的是能創造穩定現金流又能持續成長的公司，就像開店當老闆一樣，要把不好的店收掉，只留下一流的店。

　　所以當時的情況要怎麼處置，就再明顯不過了，賣出展望不佳的燦坤和全國電，繼續買進佳格。我的佳格最低買在 14 元多，最高買在 72 元，佳格的歷史天價是 141.5 元。2011年底股票總市值達 1,800 萬元，加上股息 91 萬元可領，房屋貸款剩下 280 萬元，而流浪代課的紀錄也增加到第 10 所學校。

1-4
簡單思考
從生活中找賺錢標的

　　當流浪教師還有一個好處，可以開車到很多學校，認識很多朋友，知道朋友喜歡去哪裡消費，喜歡什麼樣的產品。又因為路途遙遠，有些學校單趟車程都要近 1 個小時，我教過的學校，東到桃園大溪、南至新竹竹東、西到竹北鳳岡、北至新莊迴龍；沿路風景優美，我可以看到路上有什麼車子在跑，可以看到哪些店生意好，或者生意不好，有時候我看路上的店家比開車還專心（貼心提醒：這是錯誤的示範）。

　　我代課過的所有學校，安裝的電子保全系統，全是由中興保全和新光保全所提供。每到下午 3、4 點，各銀行、公家機關、商店前都會停著運鈔車，不是中保旗下的立保保全，就是新保旗下的台灣保全。

　　而同事們每天早上都是一杯 7-ELEVEN 便利超商的 City Cafe。尤其早上上班和下午下班時段，每家 7-ELEVEN 裡面

都擠滿了排隊的人潮。

當時佳格在中國的業務出現衰退，所以我在 100 元左右賣出佳格，買進 59 元中保（9917）、27 元新保（9925）；當時很多同事愛去星巴克消費，要不就是每天早上一杯 City Cafe，於是我買進 150 元的統一超（2912），後來也一直加碼上述這些股票。到了 2013 年底，股票市值成長至 2,299 萬元，外加 109 萬元股息可領，房貸剩 250 萬元，這時我到了第 12 所代課學校。

持股不必天長地久，適時停損轉換標的

在電影《食神》中，周星馳飾演男主角史提芬周，他在窮困潦倒的時候發明了一種產品，叫做「爆漿撒尿牛丸」，試圖東山再起。他的目標是從一家店開始，「1 家變 2 家，2 家變 4 家，4 家變 8 家，8 家以後就上市，上市就可以集資」，這道理不就和王品（2727）一樣嗎？簡單又標準化的事情重複做，不斷地創造現金流。

加上每次去王品集團用餐都是人滿為患，不事先訂位就很難

上門，於是我買進王品，從 400 元一直買到 450 元，後來股價飆到 498.5 元才停歇。

當然，食神的故事還沒完，黑心牛肉讓史提芬周的美食集團瞬間崩解；現實生活中，王品集團也遇到食安風暴，應變不及，加上旗下品牌店愈開愈多，單店來客量不斷減少，王品、聚、原燒、舒果獲利不斷下滑，曼咖啡則始終無法擺脫虧損，王品集團於 2015 年 7 月結束此品牌。

2014 年 8 月，根據王品連續衰退的獲利數字，我將王品以 410 元左右停損賣出，先把剩餘的 220 萬元房貸還清（王品的股價在 2015 年 8 月股災最低殺到 154 元，這就是停損的重要。關於王品的操作，詳見 4-3），餘錢再買進當時被砍殺過度的電信三雄。

其實在先前，我已經注意到電信三雄為了購買 4G（第 4 代行動通訊標準）頻譜，必須砸一筆大錢，又面臨執政黨為製造利多而要求電信業降價的壓力，因此先逐步獲利了結。而後市場的擔憂開始發酵，擔心 4G 會造成電信業的沉重負擔，果然在 2014 年 9 月，中華電（2412）、台灣大（3045）、

遠傳（4904）的股價都跌至近年來相對低檔區，正好是讓我逢低買回的時刻。經幾個月的衝刺，台灣 4G 用戶數成長驚人，電信股並未因此造成太大傷害；隨後股價大幅反彈，我在王品虧損的錢很快就賺回來了。2014 年底，大盤指數在 9,300 點左右，在還完房貸之後，我的股票市值回升到 2,173 萬元，而這年領到的股息創新高，達到 112 萬元。

卸下流浪教師身分
達成財富自由目標

　　2014年時，發生了我這輩子意想不到的事。我成了《Smart智富》月刊9月號的封面人物，這是《Smart智富》採訪主任劉萍幫我做的專題報導。封面主標題是〈存零股 流浪教師滾出2,300萬〉，小標是「只有1,000元也要買股票！『我希望我的每1塊錢，都在替我工作賺錢！』」。就在出刊前的8月底，我用410元停損了15張王品（2727）股票，將其中220萬元拿去還房貸。之所以沒有把錢全部拿去買股的原因，也是因為不安定感，擔心流浪教師的缺不知道還有沒有？如果白天沒有收入，對我來說壓力是很大的，且壓力會讓人做出很多錯誤的判斷，尤其是在股市，EQ（情商）比IQ（智商）重要得多。

　　隨之而來的2015年，我仍舊在桃園大有國中代課，這是第4年在這所學校，後來主任告訴我來年沒有理化科的代理缺額了。其實對我來說，這是一件很稀鬆平常的事情，天下無

不散的筵席,「此處不留人,自有留人處」,只是心中多了點不安定感。當時的股息並沒有達到我設的標準:每年 144 萬元,也就是希望每個月至少要有 12 萬元的被動收入,我才會有些安全感。

人生就是這麼奇妙,上帝關了扇門,就會開啟另一扇窗,這次開啟這扇窗戶的是郭莉芳小姐,當時她還在《Smart 智富》任職,問我願不願意寫書。她跟我說,只要把我過去的投資紀錄分享讓讀者知道就可以了,不要想得太困難。我相信她了,於是我在 2015 年的 7、8 月暑假期間,完成了第 1 本書,也就是大家所看到的《流浪教師存零股 存到 3000 萬》。

另外值得一提的就是,在我要去台北與出版社簽約的當天(2015.08.24),台北股市盤中一度暴跌 580 點,我用當年的股息買了不少股票,可寧衛(8422)就是在那一天買到的,當時股價不到 130 元,另外也加碼了日友(8341),為此到台北還遲到。

不過雖有幸運的意外際遇,但我當流浪教師的意志並沒有改變,我繼續報考代課理化老師。這次運氣好,考上了離家很近

的龍潭國中。有了工作收入，也有一些版稅收入下，繼續執行存好股計畫。我在這一年買進了德麥（1264），因為這家公司是國內提供烘焙原料的龍頭廠商，喜歡吃麵包西點的我當然不能錯過當股東的機會，肥水不落外人田，自己喜歡消費的東西總要有一點回到自己的口袋吧！

因代課教師甄選滑鐵盧，決定成為專職投資人

歡樂的時光總是特別短暫，不知怎麼的，總覺得每年的6月很快就會到來。又是鳳凰花開的日子，又到了要離開學校的日子，少子化衝擊果然嚴重，連學校正式老師都有可能被超額了，更何況是代課缺。

離開了龍潭國中後，7月繼續尋找下一年落腳的地方，這次找到了文昌國中，同樣的試教、面談，這件事情每年都要重複做一次，只不過聽眾不同，地點不同而已。

下午，我上網看放榜名單時，就和股票市場一樣，竟然會有如此超乎意料的狀況發生：我沒被錄取。這是我生平第1次考代課沒被錄取（如今看來，也是最後一次了），讓我想起

25 年前沒考上雄中時的情況，但是，這一次我有不一樣的心情。

我想，這應該也是老天爺的旨意吧！辛苦打拼了這麼多年，每天在學校和補習班奔波，和學生們奮戰，如此快速的生活步調常讓我喘不過氣來，所以決定不再報考其他學校了，我要開始做自己這輩子最熱愛的事情：「投資」和「閱讀」。我決定要好好充實自己，讓自己投資的功力更精進。2016 年底，股票總市值達到 2,592 萬元，股息 119 萬元，當年還利用借券為自己增加 18 萬元的收入，合計達到 137 萬元，眼看距離目標「144 萬元股息／年」不遠了。

卸下流浪教師身分之後，我舉辦了多場存股講座，來自各地的邀約也變多了，我不但沒有閒下來，反而更忙碌了，但是我樂在其中，和好朋友分享股票本來就是我熱愛的一件事情。

2018年「年領144萬元股息」目標成功達陣

2017 年 5 月公布半年報，嘉里大榮（2608）獲利衰退嚴重，我將股票賣出觀望（有關嘉里大榮的操作，請參考《華倫

老師的存股教室②：股利與成長雙贏實戰》一書）。

　　2018 年，統一超（2912）受惠前一年度處分上海星巴克的獲利，配息高達 25 元／股，也讓我的股息大躍進，當年度的股息達到 171 萬元，若加計借券收益逾 15 萬元以上來算，合計已經超過 186 萬元的被動收入，我稱之為「初步達成財富自由的目標」，而同年 10 月，我的股票市值也達到 3,500 萬元（詳見圖 1）。我認為只要懷抱著夢想，並堅持走在正確的道路上，總有一天會美夢成真。

　　近年來，隨中國快速發展，工廠林立，造成空汙、水汙、土汙等傷害環境的東西。中國政府「十三五規畫」特別重視環保政策，發布限汙令，工廠廢水若達不到排汙標準，輕則罰款停工，重則刑法審判，因此我也看到了深耕中國的汙水設備和顧問服務大廠基士德-KY（6641，基本面介紹詳見 5-4）。

　　由於 2015 年中國一胎化政策解禁，並鼓勵生育，也計畫將幼童就讀幼兒園的比率提高。受惠此一政策，中國幼兒人口增加、入園率提升，讓我也看到了中國連鎖幼兒園品牌大地-KY（8437）的商機（詳見 5-3）。

圖1 股災時持續存股，資產迅速累積

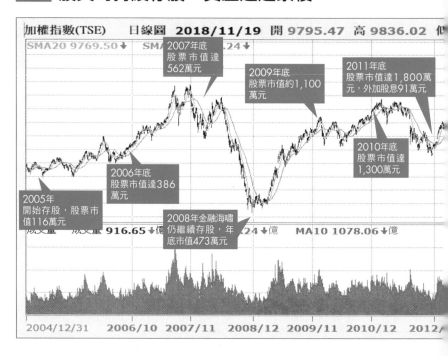

加權指數(TSE) 日線圖 2018/11/19 開 9795.47 高 9836.02

2007年底股票市值達562萬元

2009年底股票市值約1,100萬元

2011年底股票市值達1,800萬元，外加股息91萬元

2006年底股票市值達386萬元

2010年底股票市值達1,300萬元

2005年開始存股，股票市值116萬元

2008年金融海嘯仍繼續存股，年底市值473萬元

SMA20 9769.50

成交量 916.65 MA10 1078.06 億

2004/12/31　2006/10　2007/11　2008/12　2009/11　2010/12　2012

註：資料統計至 2018.11.19　　資料來源：XQ 全球贏家　　整理：華 倫

只要願意踏出投資第1步，永遠不嫌晚

很多朋友説，沒能在 10 幾年前認識我，少了「複利」累積

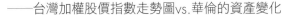

——台灣加權股價指數走勢圖vs.華倫的資產變化

的十幾年，覺得很可惜。但是我每次都這樣回答：「我也沒能在 40 年前認識巴菲特（Warren Buffett）呀！所以我這輩子就不要投資了嗎？這輩子人生就黑白了嗎？」當然不是。巴菲

特的書籍、巴菲特的投資理念,也是我在 10 幾年前才認識的,但即便如此,照樣能累積不少財富。

大家放心,股票市場又不是只有開一天,好股票也不是只有這些,未來也會有更好的公司、更偉大的公司在等著我們去發掘。「千里之行,始於足下」,只要開始,永遠不嫌晚。

打從 2000 年開始代課,到 2016 年為止,我總共跑過 13 所學校,分別是桃園大溪國中、新竹鳳岡國中、新竹縣竹東鎮二重國中、桃園光啟高中、武漢國中、永豐高中、青溪國中、瑞坪國中、楊梅國中、楊明國中、光明國中、大有國中、龍潭國中。一所學校最長待 4 年,最短不過 1 個月,我想應該很多學校的校長、主任、老師、同學都不記得有我這號人物了。

不過,我還是要感謝我待過的每一所學校的校長、主任、老師們的厚愛;就是因為有這些代課的收入,我才有資金可以存股,可以不斷滾動、放大我的雪球。當然,我也希望我教過的每一位學生,都因為有我的教導,在人生旅途中可以更進步、更完美。有朝一日,也許高中、大學畢業後,對投資股票產生興趣,存股的功力可以超越我,那我就真的無悔無憾了!

Chapter 2

觀念》

當股東
不要當賭徒

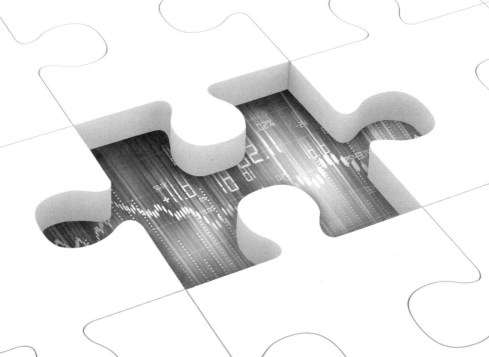

2-1
堅守存股慣性
坐享複利威力

　　英國大文豪王爾德（Oscar Wilde）有句名言：「在我年輕的時候，曾經以為金錢是世界上最重要的東西，到現在我老了，才知道的確如此。」

　　像我這種四處代課教書的職業，叫做「流浪教師」，幾年下來，我的勞保資料上記錄著很多學校名稱；為增加收入，每天晚上跑補習班，到晚上 10 點才回家是常態。

　　曾經有人問我，為什麼不考正職老師？我的答案是「會損失時間複利效果」。有此一說，科學家愛因斯坦（Albert Einstein）表示，「複利是世界上第 8 大奇蹟，複利的威力比原子彈還可怕。」如果想當正職老師，我要準備考教育學分班，必須先準備 1 年，然後修教育學程要再花 2 年，修畢之後還是要考正式老師，又不曉得要考幾年。就算這中間我可以同時兼顧工作，但畢竟時間有限，可以工作賺錢的時間勢必被

壓縮。同時我有房貸、車貸要還，收入如果減少，也許就沒有錢可以投資。不管怎麼算，都會得出「投資比較重要」的結論，所以我才繼續代課。

善用投資滾大資金，諾貝爾獎金源源不絕

　　諾貝爾獎金就是一個最好的例子。諾貝爾獎從 1901 年開始頒發，由炸藥的發明者——瑞典化學家諾貝爾（Alfred Nobel）捐出了 980 萬美元成立基金會。基金會的資金，限制投資於銀行存款及公債，靠著每年的收益用於支付獎金。成立之初，每年頒發 5 個獎項，分別是物理、化學、醫學、文學、和平；到了 1969 年，又增加了經濟獎。

　　最初每位得獎者的獎金約為 3 萬美元，到了 1960 年代，每位得獎者的獎金提高到 7 萬 5,000 美元，1980 年代再度提高為 22 萬美元，近年來每位得主的獎金更已超過 100 萬美元。稍微有一點算術基礎的人就知道，照這樣發錢下去，諾貝爾獎金應該早就破產倒閉了。

　　諾貝爾獎金在 1953 年的時候確實碰到一些問題，基金資

產已經用掉了近 2/3，只剩下 300 萬美元左右。當時有一位基金理事，意識到投資報酬率對於資金累積的重要性，於 1953 年做出突破性的改變——更改基金章程，讓基金改投資優良公司股票，從此扭轉了諾貝爾基金的命運。如今諾貝爾獎金還是約有 50% 的資金投資在股票上，靠著每年的投資收益就可以支付獎金。

投資就像馬拉松，堅持到底才會贏

投資管理不需要高深的學問，人們遇到的問題不是「不知道」，而是我們所知道的大多不是事實。就以我個人來說，我沒有很完整的財管、經濟背景，也沒有什麼獨門密技，我只是養成了一般人不喜歡且無法做到的習慣而已；把平凡的事情做到好，就可以變得不平凡。

但反過來說，投資也可以說是很困難，因為「知道」不等於「做到」。我有太多的朋友半途而廢，沒有恆心和紀律執行下去；如果把投資股票當成是一場馬拉松，要跑完終點，靠的就是耐力，縱使你有百米衝刺的能量，若不能堅持到終點也是枉然。一個女人要懷胎 10 月才能生下小孩，你不可能奢望女人

表1 每月投資5,000元，40年滾出5,882萬元
——每月投資年報酬率12%股票期末金額

每月投資5,000元，年報酬率12%		每月投資1萬元，年報酬率12%	
投資期間	期末金額	投資期間	期末金額
5年	40萬8,348元	5年	81萬6,697元
10年	115萬193元	10年	230萬387元
15年	249萬7,901元	15年	499萬5,802元
20年	494萬6,277元	20年	989萬2,554元
25年	939萬4,233元	25年	1,878萬8,466元
30年	1,747萬4,821元	30年	3,494萬9,641元
35年	3,215萬4,797元	35年	6,430萬9,595元
40年	5,882萬3,863元	40年	1億1,764萬7,725元

整理：華 倫

懷孕後1個月就生出小孩。有些事情就是需要時間，投資股票正是如此。

假設每月投資5,000元在年報酬率12%的股票上，40年後的資產會超過5,882萬元；每月投資1萬元在年報酬率12%的股票上，40年後的資產更會超過1億1,764萬元（詳見表1），這就是複利迷人的地方。

你可能會說，別傻了，誰會股票放 40 年？哪裡又有 12% 報酬率的股票？

第一點，股票要存 10 年或 20 年就要看自己的定力了，不能被市場上的雜音所干擾。牛頓第一運動定律——「靜者恆靜，動者恆做等速度運動」，意思是説，萬物都會有「慣性」，在不受外力干擾時，物體會保持原有的運動狀態；靜止的物體永遠會保持靜止，動者會持續在直線上做等速運動。投資也是一樣，當你決定要存股，就要養成慣性，不要輕易被外力影響而改變。

第二點，投資組合中，可能有些報酬率是 5%，但有時候還是會出現二壘打（意謂漲幅 2 倍）、三壘打、全壘打的股票。長期投資在績優公司，要達到平均報酬率 12% 並不難，況且就算沒有 12%，也比在銀行定存高很多。

以每月存 5,000 元和 1 萬元在定存，假設利率為 1.5%，40 年後的資產累積成果分別只有 328 萬元和 657 萬元（詳見表 2）。再強調一次，時間是上帝給每個人的恩賜，你我的時間都一樣。

表2 月存5,000元，苦守40年僅收328萬元
——每月定存年利率1.5%期末金額

每月定存5,000元，年利率1.5%		每月定存1萬元，年利率1.5%	
投資期間	期末金額	投資期間	期末金額
5年	31萬1,335元	5年	62萬2,669元
10年	64萬6,902元	10年	129萬3,803元
15年	100萬8,587元	15年	201萬7,174元
20年	139萬8,424元	20年	279萬6,848元
25年	181萬8,603元	25年	363萬7,206元
30年	227萬1,486元	30年	454萬2,972元
35年	275萬9,619元	35年	551萬9,238元
40年	328萬5,745元	40年	657萬1,490元

整理：華　倫

先努力工作增加收入，再當好公司股東

愈晚存股，當然複利的效果愈晚顯現，自然應該用多一點的資金。存股不是什麼困難的事情，但許多人仍會失敗，我看過的例子都是意志不夠堅定，簡單地講，就是無法克服人性貪婪和恐懼的弱點。本來存得好好的，但是當看到別人買到飆股，可能短期漲了10%或20%，他就會想要追；追高的後果不管

是賺或賠,由於他投資股票的慣性已經改變,因此極有可能無法再嚴守紀律存股下去;反之,對於套牢的股票,往往只等待解套,這樣也失去了長期存股複利的效果。

美國道瓊工業指數成立於 1896 年,成立之初不到 100 點;到了 1966 年漲到 1,000 點;到了 2000 年,漲到 1 萬點;2015 年 1 萬 8,000 點;2018 年最高將近 2 萬 7,000 點(詳見圖 1)。股神巴菲特(Warren Buffett)預測本世紀末(2099 年)道瓊會逼近 200 萬點,理由是上個世紀 1900 年到 1999 年的 100 年間,道瓊從 67 點上漲到 1 萬 1,000 點左右,漲幅超過 163 倍,因此,若以同樣的漲幅去計算,本世紀末的道瓊指數會逼近到 200 萬點。

巴菲特是樂觀主義者,他在受訪時很少會説出悲觀的論點,他認為人類會進步,會為了追求更美好、更便利的生活而不斷創新,因此長遠來看,經濟會發展得更好。所以當記者問到巴菲特説,「如果不小心掉了 1 塊錢在地上,會不會撿起來?」他説,他當然會撿起來。不只如此,他會連好朋友、世界首富比爾・蓋茲(Bill Gates)掉的 1 塊錢也撿起來,因為這 1 塊錢又是另一個 100 億元的開始。

圖1 美國道瓊工業指數長期向上趨勢不變
—— 1970年至2018年11月初美國道瓊工業指數走勢圖

道瓊指數(DJI) 日線圖 2018/11/02 開 25443.60 高 25578.98 低 25078.72 收 25270.83 s 量 429M -109.91 (-0.43%)

SMA5 25016.98↑   SMA10 24985.00↓

2018.10.03
盤中高點2萬6,951.81點

26438.50
25047.00
23655.50
22264.00
20872.50
19481.00
18089.50
16698.00
15306.50
13915.00
12523.50
11132.00
9740.50
8349.00
6957.50
5566.00
4174.50
2783.00
1391.50

1970/01/02 1976/06 1980/01 1983/08 1987/04 1990/12 1994/03 1997/09 2001/04 2004/11 2008/05 2011/12 2015/07

註:資料統計至 2018.11.02　　資料來源:XQ 全球贏家　　整理:華　倫

　　所以要想迅速累積財富,個人的經驗是要先努力工作,增加收入;再來就是當好公司的股東,讓它們幫你累積財富。滾雪球的威力只有親身體驗才知道箇中滋味。一開始的時候真的很慢很慢,很磨人心志,但是到最後會鋪天蓋地、山搖地動。

思考轉個彎
有錢人跟你想的不一樣

　　真的是「無奸不商，無商不奸」嗎？商人賺大錢，被大家視為不應該，但是試想，今天商人不賺錢，誰要當商人？醫師不賺錢，誰要努力去考醫學院？發明家不賺錢，今天就不會有火車，不會有輪船、飛機，不會有電腦、網路；iPhone不賺大錢，不會有人發明iPhone。

　　就因為可以賺很多錢，才能讓一些具有超能力的人發明更多好東西，讓人類擁有更美好、更便利的生活。如果隔壁的便當店或便利商店不賺錢的話，當你沒空煮飯的時候，你要吃什麼？吃泡麵嗎？假設賣泡麵的也不賺錢呢？誰想做泡麵呢？

　　就一個消費者而言，關心的是產品的售價，便當店或早餐店漲價了，你會大罵它們是黑店、奸商；反之，對便當店的老闆或者股東而言，他們關心的也是售價，漲價對他們來說，獲利提高了，我賺得更多，我就可以雇用更多的員工，發展更創新、

更便利的事業。

而我們現在要做的事情就是——訓練自己成為一個老闆、成為一個企業經營者、成為一個股東，讓更多優秀的腦袋、更多有超能力、有創新能力的人替我們工作，替我們賺錢。

物價適當上漲，才能維持經濟動能

大家都知道，「通貨膨脹」會讓我們的錢變薄、購買力下降，所以將錢存在銀行，會削減未來的購買力。但是，為什麼偏偏世界各國央行，都要維持適當的通貨膨脹？

用一個簡單的例子，你就能理解了。如果你是開車族，知道下週汽油要降價，你一定會等到降價之後再去加油；反之，如果知道隔週汽油要漲價，你一定急著在漲價前就將車子加滿油。相同的道理，假設想買一個玩具送給兒子當禮物，如果你知道這個玩具以後會變得更便宜，你現在就不會買，而是等到降價後再去買。

過去日本處於長期的通貨緊縮，物價持續降低，因此老百姓

都會延遲消費，甚至不消費。大家不消費，工廠生產的東西就賣不出去，工廠就會裁員；大家沒有工作、沒有收入，就會更窮。變得更窮，就更不消費，物價又繼續下跌……如此惡性循環。

反過來說，適當的通膨會有刺激消費的作用，因為你現在不買，下個月就漲價了。工廠生產的東西持續有人買，工廠就能賺錢、員工就有工作收入，自然也能持續消費，這就是通膨所能帶來的正向經濟循環。

挑對好股票，讓通膨替你賺錢

而身為一個公司的經營者或者股東，更樂見適當的通膨了。舉例，豆腐的原料是黃豆，假設今天黃豆成本 10 元，不考慮其他成本的情況下，一盒豆腐售價 15 元，公司的獲利就是 5 元（售價 15 元－成本 10 元）；下個月黃豆漲了 10%，成本變成 11 元（成本 10 元 ×1.1），若是可自由訂價，一盒豆腐售價也漲 10%，變成 16.5 元（售價 15 元 ×1.1），妙的是，公司的獲利會變成 5.5 元（售價 16.5 元－成本 11 元），獲利也成長了 10%。

　　假設其他條件不變，股息也會增加 10%，股價也跟著上漲 10%；相較於原始投入金額，帳面上是賺了 20%（股息成長加上股價成長）。其實，有很多公司是在賺通貨膨脹財的，原物料愈漲價，售價跟著漲，公司獲利也跟著水漲船高。

　　注意，上述的例子，公司並沒有做任何的改變，沒有增加生產線，沒有新聘員工，單純因為通膨，股價就上漲了。所以，為什麼說股票是抗通膨的工具？就是這個道理。投資人不需要害怕通膨巨獸。當你下次逛街，看到什麼產品熱賣，你就可以考慮當這家公司的股東（評估是否買進的方法，詳見 4-2）。買股票就是讓公司替你賺錢，而我希望我的每一塊錢，都在替我工作。

吸引力法則，為自己裝一支「有錢」天線

　　還年輕的時候，我在竹北規模最大的補習班授課，當時的收入多半要用來還錢（房貸和欠六姑姑的錢），有剩餘的錢，全部都拿去買股票，搞得身上都沒有現金。

　　記得有一次和同事們閒聊，我說我身上沒錢，被班主任聽

到，他馬上對我說，「不要一直說沒錢，愈說你會愈沒錢。」
從此我不敢再說自己沒錢了，班主任可以說是我生命中的貴
人。

　　我的經驗是：人身上好像有裝一個雷達、一支天線，它會依
據你的心思去搜尋你想要的。你想要變有錢，這支天線會帶你
到有錢的地方，你會認識很多成功的人，然後你會找到讓你變
成有錢的方法，這叫做物以類聚（和錢聚在一起是一件不錯的
事情）。

　　常年在學校代課，學生都會抱怨功課很難、回家功課很多；
我都會勉勵學生，「凡事努力去做就好了，抱怨是解決不了事
情的。」每天抱怨，最後你只學會了一件事情，那就是將來遇
到事情，你會不停地怨天尤人，完全於事無補。而當你努力去
做一件事情，不問成敗，你學到的就是勇敢、負責。

　　我很欣賞潤泰集團總裁尹衍樑，他做事的態度一向是如此，
努力、堅持，不怕犯錯，只怕不認錯。愈是碰到困難的事情，
當中可以吸收到的養分也愈多。他只希望把事情做到好，此等
性格吸引了許多人才，許多專家願意跟他一起打拼事業。尹衍

樑不懂流通事業，所以他找了黃明端（曾為高鑫零售董事，現為潤泰集團副主席）掌旗中國大潤發，中國大潤發曾經一度高居中國量販賣場龍頭寶座；他不懂壽險業，所以他找了有「投資銀行教父」之稱的杜英宗執掌南山人壽；他不懂廢棄物處理，而任用從事環工業多年的張芳正，經營台灣最大醫療廢棄物處理公司日友（8341）；他也不懂生技新藥，卻能善用在美國生技界赫赫有名的張念慈、張念原兄弟的專業，投入浩鼎（4174）和中裕（4147）的新藥開發領域。和股神巴菲特（Warren Buffett）一樣，尹衍樑知人善任，錢財不斷源源而來，成為台灣知名富豪。

同樣的道理，我也不懂流通業，但我卻可以藉由買股票，當上台灣便利商店龍頭統一超（2912）的股東，靠其董事長羅智先的智慧幫我賺錢；我不懂幼兒園的營運，但我卻可以藉由買進大地-KY（8437）的股票，讓深耕中國幼兒園辦學超過30年經驗的董事長程欽坤，幫我不斷擴展事業版圖……。

投資股票是這樣的，不要想一步登天，先把基本功練好，到時候自然水到渠成。有錢人不會一天到晚想著中樂透、想買到飆股、想股票每天漲停板的。如果你真的這樣想，倒不如去澳

門賭場試試手氣好了。與其你追著錢跑，不如讓錢追著你跑。

培養閱讀與紀律投資習慣，提高勝率

當然，不斷地學習也非常重要。巴菲特經營的波克夏（Berkshire Hathaway）公司副董事長、也是巴菲特的亦師亦友好夥伴查理·蒙格（Charlie Munger）說過：「我這輩子遇到來自各行各業的聰明人，沒有不每天閱讀的，沒有！一個都沒有！華倫（指巴菲特）讀書之多，我讀書之多，可能會讓你感到吃驚，人們覺得我是一本長了兩條腿的書。」

剛踏入股市之初，我看過各式各樣的股票書，技術分析的書、主力陰謀的書、散戶求生存的書，還有教你如何放空、如何套利、打敗大盤獲利公式的書，但當我實際應用在操盤上時，我發現我克服不了人性共同的弱點，那就是貪婪與恐懼，我的勝率比擲聖筊的機率還低。

直到看了巴菲特、歐洲股神科斯托蘭尼（André Kostolany）、價值投資之父葛拉漢（Benjamin Graham）、成長股投資策略之父菲利浦·費雪（Philip Fisher）、傳奇基

金經理人彼得‧林區（Peter Lynch）等大師的書籍之後，才對股票投資有比較明確的輪廓。

　　但是我要強調，還是有人放空賺了大錢，也有人靠著賺價差或套利致富，方法沒有好壞，就看你會不會用。投資股票紀律和慣性很重要，你必須找到一個方法，你做起來最得心應手的方法，長久下來，勝率最高的方法，去做就對了！

投資要賺錢
先學會避開風險

　　美國大文豪馬克·吐溫（Mark Twain）說：「10月份是投資股票最危險的其中一個月份，其他也很危險的月份是7月、1月、9月、4月、11月、5月、3月、6月、12月、8月和2月。」一語道盡了股票市場的風險。

　　人類有史以來第一個大泡沫，是在17世紀中葉，一位德國公使被皇帝派到土耳其，引進了一種叫做「Turban」的鮮花，這種鮮花百看不厭，深受德國貴族喜愛。後來花的名字變成了鬱金香，多年後，荷蘭人也瘋狂地愛上了這種花。1637年的荷蘭，經濟一片大好，欣欣向榮，鬱金香也成了當時的社會地位象徵。幾年過後，鬱金香的價格逐步上揚，於是富豪們把腦筋動到鬱金香球莖上，大筆金錢投資在球莖上，以期能賣出更高的價錢。

　　瘋狂的人愈來愈多，把球莖的價格推上了天，此時就注定了

災難的發生。大泡泡終究是要破的，突然每個人都想要賣掉鬱金香球莖，卻發現找不到買主，球莖的價格迅速暴跌，最後竟然連洋蔥的價錢都不如。昨天還是富可敵國的富翁，今天卻變成了乞丐，這是給世人的教訓！

購買無生產力標的，是投機而非投資

如果巴菲特（Warren Buffett）身處那個年代，他不會去蹚這渾水，他不會買一個沒有生產力的東西。買了這樣的東西之後，然後再期待另一個人用更高價把它買走，這不是投資，而是投機。

所有的理化教科書中，都會講到「牛頓三大運動定律」。大多數人只知道，牛頓（Isaac Newton）坐在蘋果樹下，被掉下來的蘋果打到頭，發現了萬有引力定律，和賈伯斯（Steve Jobs）並列為因為蘋果而改變世界的人。其實，牛頓也是炒股的狂熱分子，這是發生在 18 世紀初的英國，而且是在荷蘭發生鬱金香泡沫不久之後。

當時英國有一家南海公司，不斷送出利多，將股票炒到最高

點，牛頓也在興高采烈的言論下，賠光了所有積蓄。牛頓後來感慨地說：「天體運行的軌道，我可以計算到分秒不差，但我卻無法算出一群瘋狂的人會將指數帶向何處。」記得嗎？只要有血腥味，北極熊會排除任何困難到來。狂熱的欲望、熱烈的言論，通常會誘使你做一些荒謬的事情來。

天有不測風雲，股市真的有其風險存在，一般人在受不了財務或情緒壓力的時候，常會做出不可思議，或者令人遺憾的事情。

有餘錢再來投資，切記隨時保護自己

再講一次，投資股票有兩件事情要特別注意，第一個就是風險，另外一個還是風險。盡可能用自己每個月工作的收入，竭盡所能地開源和節流，扣除生活費後的餘錢再來投資股票。

2005 年上映的電影《登峰造擊》是我很喜歡的電影之一，片中女主角瑪姬為了脫離貧困，32 歲的她決定用拳擊來實現夢想。她憑著堅忍不拔的意志終於登上了擂台，並且打敗無數高手、登上高峰。可是在一次比賽中，鈴聲響起、進入休息時

間，正要回頭走向休息區的瑪姬，竟被對手從背後偷襲。重拳擊中了後腦勺，造成瑪姬全身癱瘓。躺在醫院病床上的瑪姬對著教練說：「我忘了你的告誡，要隨時保護自己。」股票市場也是如此，即使已經找到成功獲利的方法，仍然不能忘記風險，必須隨時保護自己。

一味追逐主流股，難在市場生存

再講一個神的故事。有一位神仙說祂 1988 年買進金融股、1989 年賣出；之後買進資產股，緊接著在 1990 年賣出所有股票。1996 年又買進半導體股、電腦周邊類股，1997 年賣掉。接下來 1999 年買進網路股，2000 年網路泡沫破裂前出清持股。祂說，祂賺了很多錢，你相信嗎？我是不相信啦！可是真的有人相信，並且深信不疑。

電視上的名嘴不就是每天在講這些事情嗎？他可以買在每個波段的起漲點，並且賣在起跌點，而且永遠會抓住每個時代的主流股、趨勢股，什麼行情他都賺，股票漲，他做多也賺；股票跌，他放空也賺，金融股也賺、資產股也賺、電子股也賺，從來沒有在賠的，故事比鴻海董事長郭台銘的奮鬥史還精彩。

表1 各年代當紅類股輪轉，沒有永遠的風光

1988年～1989年熱門金融股

單位：元

股名	歷史最高價	歷史最低價	目前股價	備註
國泰金（2882）	**1,975**（原國泰人壽）	**24.00**	51.00	原為國泰人壽，2001年成立國泰金控
華南金（2880）	**1,120**（原華南商銀）	**13.60**	17.70	原為華南商業銀行，2001年成立華南金控
第一金（2892）	**1,110**（原第一商銀）	**12.20**	20.25	原為第一商業銀行，2003年成立第一金控
彰　銀（2801）	**1,105**	**9.46**	17.85	－
開發金（2883）	**1,075**（原中華開發工銀）	**5.07**	10.10	原為中華開發工業銀行，2001年成立開發金控

1989年～1990年熱門資產股

單位：元

股名	歷史最高價	歷史最低價	目前股價
台　火（9902）	**1,420**	**2.00**	8.80
華　園（2702）	**1,075**	**5.10**	17.00
中　和（1439）	**360**	**6.60**	31.15
士　電（1503）	**332**	**12.00**	40.10
勤益控（1437）	**525**	**4.95**	17.60

——各年代當紅類股歷史高低價與目前股價

1990年～2000年半導體股、電腦周邊代表性股票

單位：元

股名	歷史最高價	歷史最低價	目前股價
聯電（2303）	188.0	6.60	10.60
旺宏（2337）	105.0	2.98	18.65
茂矽（2342）	112.5	1.49	25.30
廣達（2382）	850.0	29.35	49.40
力捷（已下市）	276.0	—	—

2000年網路軟體較具代表性股票

單位：元

股名	歷史最高價	歷史最低價	目前股價
敦陽科（2480）	550	8.86	37.30
＊鴻　名（3021）	307	0.67	13.55
友立資（已下市）	257	—	—
＊圓　方（已下櫃）	184	0.80	—
零　壹（3029）	160	5.00	19.90

註：1. 目前股價為 2018.11.09 收盤價；2. ＊ 鴻名原名為衛道，2008 年更名為衛展，
　　2013 年更名為鴻名；圓方原名為普揚，2009 年更名
資料來源：鑫豐證券　　整理：華　倫

　　只要花蜜夠甜，一定會吸引很多蜜蜂和蝴蝶飛來，這些天花亂墜的故事就像是香甜的花蜜，吸引投資人捧著鈔票栽進去，卻不知道自己正在飛蛾撲火。回顧歷史就能明白，每個時代的熱門股，最後淪為雞蛋水餃股、變成壁紙的例子比比皆是（詳見表1），這樣追流行、趕時髦的做法，是難以在股票市場上生存的。

2-4
每天擔心局勢
不如選好公司等數錢

2015年7月最受國際投資人矚目的事件，非希臘債務事件莫屬。7月1日，希臘對於國際貨幣基金組織（IMF）的貸款確定違約，遭IMF打入拖欠名單，銀行破天荒關門、股市同步休市。接下來幾天，我們可看到相關新聞標題的變化如下：

7月7日 → 希臘公投拒歐盟，銀行持續沒錢開門

7月11日 → 希臘國會表決通過新財政改革方案

7月12日 → 希臘債務危機：歐元區「質疑」改革承諾

7月13日 → 希臘問題有解，國發會：對台有幫助

7月14日 → 道瓊上漲217點，收1萬7,977點，投資人樂觀看好希臘局勢

7月14日 → 希臘通過新紓困案，美國電子盤急拉

國際財經新聞，每天的頭條消息都是希臘的債務問題，希臘問題牽引國際股匯市的變化。要說「變化」算是客氣，事實是

造成了劇烈波動。

　希臘事件才緩和沒多久，2015 年 8 月中旬，中國先是無預警調整人民幣對美元匯率中間價，使得人民幣在短短 3 天快速貶值，而後 8 月 21 日中國發布的經濟指標也不理想（詳見註 1），引發股市重挫。

　就在 8 月 21 日這天，台股收盤大跌 242 點，美國道瓊指數則是跌 530 點，被稱為黑色星期五。沒想到過了一個週末，8 月 24 日這天迎接的卻是更慘烈的黑色星期一，台股盤中最低下跌 583 點，跌幅 7.5%，創下歷史紀錄；中國上證指數跌幅則達 8.49%，而美國道瓊工業指數最低更是跌了超過 1,000 點，還一度緊急停止交易。這天各國重要股市紛紛重挫，說是全球連鎖性的股災也不為過。

　國際股市動輒是好幾百點的震盪，有關希臘、中國的消息紛亂，甚至常常是朝正、反兩個完全不同的方向走。股市有時候

註 1：中國民間發布 2015 年 8 月財新中國通用製造業指數（PMI）初值，創下 2009 年 3 月以來的新低。

一天就完成了∨型反轉，讓人摸不著頭緒，要知道問題最後的答案，恐怕得請福爾摩斯或者衛斯理（詳見註 2）出馬了。要是有人說他能預測指數、預測股票漲跌，我認為他不是神仙就是屁仙。

價值投資第一步，學習「不交易」

與其每天擔心，每天猜測，不如就當一個優秀公司的股東，致力於「不交易」，這是當一個價值投資者要學的第一步。有時候投資股票會賠錢，不是因為你沒做什麼，而是因為你做了太多。

市場上永遠充斥著短線交易者，還有更多的明牌追逐者，他們的貢獻就是讓營業員有佣金可拿、證券公司得以生存、政府有稅收，而價值投資者就是因為這些人的存在才得以生存。

價值投資者不怕想買的股票沒有低價、想賣的股票賣不出

註 2：衛斯理為科幻小說家倪匡筆下以第一人稱敘述的虛構人物，學識豐富、文武雙全，經歷許多科學難以解釋的事件。

去，因為短線交易者會把股票帶到一個不可思議的低價或高價，而價值投資者只要有紀律和耐心，股價起起落落就任由它去。

深受華爾街推崇的投資家菲利浦‧費雪（Philip Fisher）說過：「如果你買入股票時，做了最正確的分析，那賣出股票的時間將永遠不會到來。」巴菲特（Warren Buffett）所說：「如果不想擁有一檔股票 10 年，那麼連 10 分鐘都不要擁有。」兩者有異曲同工之妙。男女雙方在婚前做出最正確的選擇，就不會有離婚的一天。

股價不會天天漲，但好公司會天天幫你賺錢

有一個故事是這樣的：營業員告訴客戶說台積電（2330）獲得蘋果 A6 處理器訂單，下半年業績將有爆炸性成長，勸他再加碼台積電股票。客戶告訴營業員說：「最近要繳所得稅，我想先賣掉台積電。」結果營業員接著說：「賣掉也是個不錯的主意。」

其實營業員的目的不是真正要你買，真正的目的是要叫你交

易、不斷地交易。我們身處的環境有太多的誘惑，電視、廣播、網路希望你頻繁交易，電視投顧老師想要你加入他們的會員，因為他們圖的是──只要你交易，他們就有賺進口袋的佣金。

對於績優公司的股票，我們買進後到底要什麼時候賣呢？基本上是不用賣，除非公司營運衰退，市占下滑。我們只需要每月、每季定期檢視手中持股就可以了。記住：沒有股價每天都會持續上漲的股票，但是絕對有每一天都能幫你賺錢的公司。

2018 年，美國和台灣都要進行選舉，如果你還要花時間煩惱選後股市會有什麼變化，就有點杞人憂天了。跌破眼鏡的事情常常發生，難道因為任何政黨或候選人當選或落選，你就不吃飯嗎？你就不炒菜嗎？你家就不會產生汙水、醫院就不會產生廢棄物嗎？如果上述的答案是否定的，你又何須煩惱這些不重要的事情呢？

就以我自身為例，我持有中華食（4205）超過 14 年，在這 14 年中間發生了多少事情？多少次政黨輪替？多少次國際政經情勢的變化？但我仍舊是中華食品公司的股東，這家公司也確實幫我賺進了不少財富，所以你說投資是不是很簡單？

Chapter 3

選股》

到處求明牌
不如上街挑好股

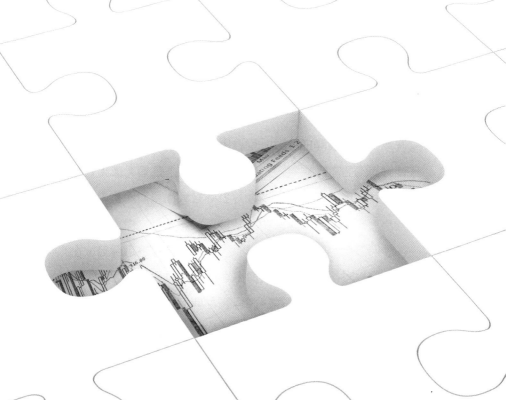

挑選存股好公司
需掌握6大特點

有一個故事,可以說明股神巴菲特(Warren Buffett)對於優秀公司和不好公司的看法。

有兩匹賽馬,其中一匹叫做良駒,過去戰績輝煌;另一匹名為弱雞,比賽紀錄是敗多於勝。恰巧兩匹馬都感冒了,將有長達1年不能出賽,此時飼主要把兩匹馬都出售,你想買哪一匹?

答案當然是良駒,因為一旦馬兒恢復健康,你能夠期待良駒持續保有高勝率,為主人贏取高額賭金,但是弱雞即使恢復健康,獲勝機率仍然很小。

在股票市場上,我們也要懂得尋找良駒;在牠感冒時,主人可能會因為短視近利而將其賣出,此時正是我們可以從容買進好公司的好機會。買進並長期持有具競爭力的公司,就是能夠

穩健累積資產的方法。

弱雞公司則被巴菲特稱為競價型公司,這種公司所生產的產品和服務,擁有許多競爭者,公司總是得投入殺價戰爭,才能賺取微薄的利潤。

優秀公司則相反,它在市場上有優勢地位,就算不殺價出售,也有人捧著鈔票來購買它的商品或服務,憑什麼呢?我們可以發現優秀公司必定有以下幾個特點:

特點1》產品或服務為「壟斷」或「寡占」

武俠片有句台詞:「此路是我開,此樹是我栽,欲從此路過,留下買路財!」這句話對壟斷型公司下了最好的註解。甲地到乙地只有一條路,中間設了一個收費站,只要你經過就要付費,你說這個收費站賺不賺?

像這種收過路費型的公司,就像是一部印鈔機,而且是永不斷電的印鈔機,不斷印出鈔票來。很多特許行業、市占率高、品牌公司都屬於這一類型,在台股中有哪些是屬於這一類型的

公司呢？舉凡像是市占率高、有品牌的食品公司、有政府特許執照的環保公司、3大電信公司、便利商店、站穩某項業務、具規模的金融控股公司、銀行、某地區性的有線電視業者、天然氣瓦斯供應商、甚至台灣高鐵等，都算是壟斷寡占公司，你可以找找看！

一個消費性壟斷的公司銷售強力產品，它們在商場上有獨特地位，在市場上沒有競爭者，或者競爭者不強。如果你想買一個產品或使用一種特定服務，你只能找這家公司；相反的，如果你要的產品或服務，有7、8家以上的公司可供選擇，這可能就不是一個好的投資標的。

特點2》**產品或服務簡單易懂、具有持久性**

若要長期投資，公司的產品或服務一定要是簡單易懂。怎樣算是簡單易懂？如果你能解釋公司的產品，讓一個小學生都懂，那就對了，如果連小朋友都能理解這家公司，我們大人自然懂這檔股票，對於何時加碼或賣出才能了然於胸。但是如果你無法解釋給孩子聽懂，那麼這家公司長期競爭優勢是否存在，恐怕連你自己也不確定。

　　像是競價型的公司，賺了錢之後，必須不斷改善製程、降低成本，才能和對手競爭，就不適合長期存股。如果可以找到一種枯燥無趣卻賺錢的事業，它們的產品或服務平凡無奇，這些公司碰到的競爭對手可能就少了。我猜鴻海（2317）應該不會跑去做豆腐或者沙拉油，應該也不會去開幼兒園，冷門股反而藏著許多寶藏。

　　很多民生消費相關類股幾十年來，公司幾乎是用相同的生產線，販賣相同的產品或提供類似的服務，這些公司多半是傳統產業，至於市面上琳琅滿目的 3C 產品，像是新電腦、新手機，可能你還沒發現它上架，它就已經下架了。公司須不斷花大錢研發新產品，而新產品又很容易被取代，所以產品的壽命很短、變化很大、不確定因素很多，而「不確定」正是投資股票的致命傷。

特點3》產品或服務自由定價能力高，還能重複消費

　　當你逛街、購物，買吃的、喝的、用的，同時你就可以去了解這個產品過去 5 年到 10 年，它的價格是上升或是下降，大概可以知道它是不是競價型公司了。正如前所述，很多公司是

在賺通貨膨脹財，可自由定價的公司會隨著原物料價格上漲、員工薪資上漲，適當地反映售價到最終端消費市場，以提高公司獲利。

其次，公司生產的產品或提供的服務必須能滿足普羅大眾、一般消費者，它不是奢侈品，而是不論景氣好壞，你都必須或有可能去消費的，像網路、一般食品、飲料等；或像是提供廢棄物處理或汙水處理的廠商，也是不論景氣好壞都會有生意的。

最後，這種產品或服務，必須是會讓消費者重複消費的。也就是買了之後很快就會用完的產品，而不是好幾年才需要買 1 次，例如麵包、豆腐、沙拉油、信用卡刷卡消費、便利商店、南來北往乘坐高鐵，或是小孩要念幼兒園、要學美語，甚至是保全公司等。

你想想，各公私立學校，會不會只有這個月有保全，下個月就沒有保全了？除非學校倒閉；自己 1 天會去便利商店幾次？多久去一次星巴克、家樂福？你的小孩會不會這個月念幼兒園，下個月就不念了？醫院每天會產生多少醫療廢棄物？

特點4》**公司具高股東權益報酬率、高存貨周轉率**

高毛利率、高股東權益報酬率（ROE）是優良公司的重要指標。一般我們談到公司「獲利」時，主要分為 3 大層次：一是「毛利」，指營業收入減去生產成本後的利潤，可直接看出這家公司產品的競爭力；毛利占營業收入的比重稱為「毛利率」，愈高愈好，競價型公司通常都不具有高毛利率；二是「營業利益」，指毛利再減去管銷費用後的利潤；三是「稅後淨利」，也就是營業利益加上業外利益（若業外有損失則是扣除），並扣除所得稅之後，最終剩餘的獲利。

股東權益報酬率愈高，代表賺錢的能力愈好

「股東權益報酬率」是指稅後淨利占股東權益的比率。股東權益是指公司所有資產減去負債後的價值，例如一家公司的股東權益為 100 萬元，去年這家公司共賺進 20 萬元稅後淨利，那麼這家公司去年的股東權益報酬率就是 20%（去年稅後淨利 20 萬元／股東權益 100 萬元 ×100%），愈高代表公司為股東賺錢的能力愈好。

一家公司擁有高毛利、高股東權益報酬率，代表公司有能力

以目前的事業賺錢，同時也能運用保留盈餘為股東賺錢。什麼是保留盈餘？簡單來說，公司將賺來的獲利配給股東，或配股轉為資本後，剩下未用完的利潤則為保留盈餘，這個保留盈餘是每年逐漸累積的。利用這些保留盈餘，可在日後擴充營運規模或買回庫藏股以增加股東權益報酬；公司當年度若發生虧損，也會先從保留盈餘撥錢出來彌補虧損。我認為優秀公司的保留盈餘應當穩定，公司才會有足夠現金以應付市場的變化。

例如中華食（4205），近 8 年（2010 ～ 2017 年）的

表1 崑鼎保留盈餘逐年增加

年度	友 達 （2409）	玉晶光 （3406）	茂 迪 （6244）	
2010年	623.22	4.63	55.81	
2011年	-24.72	12.68	4.63	
2012年	-546.71	21.09	-43.77	
2013年	40.17	15.46	4.67	
2014年	205.29	8.54	-7.53	
2015年	204.07	-2.78	-6.40	
2016年	242.43	-1.52	-9.09	
2017年	511.16	10.44	-30.31	

註：中華食原名為「恒義」，於 2013 年更名；大地 -KY 於 2015 年 5 月上櫃

保留盈餘都在 3 億～ 6 億元左右，廢棄物處理控股公司崑鼎（6803）的保留盈餘則是年年上升，而日友（8341）和大地 -KY（8437）的保留盈餘也都逐年增加（詳見表 1）。

再來看 3 大慘業的代表——面板股友達（2409）、LED 股玉晶光（3406）、太陽能股茂迪（6244），其中茂迪在近8 年當中，有 5 年的保留盈餘都為負值，時好時壞，原因正是該產業本身競爭激烈、獲利不穩，因此也影響到保留盈餘的變化。

——2010年～2017年保留盈餘概況　　　　　　單位：億元

日 友 （8341）	中華食 （4205）	崑 鼎 （6803）	大地-KY （8437）
0.69	4.01	5.01	1.04
1.00	3.90	6.89	2.43
1.29	3.85	14.22	3.77
2.91	3.88	14.95	4.94
3.88	3.81	15.87	6.43
6.70	4.54	16.86	7.79
8.92	5.34	18.89	10.18
11.69	6.09	18.87	12.35

資料來源：XQ 操盤高手、公開資訊觀測站　　整理：華 倫

存貨周轉率高，薄利多銷拼獲利

除了毛利和股東權益報酬率，我們還要認識「存貨周轉率」（銷貨成本金額／平均存貨金額）。簡單説，當一家公司買進原料並製造出產品，產品能夠很快出售，銷售狀況良好，存貨周轉率就高。像是有些好公司可能毛利不算高，但是存貨周轉率高，也能靠著薄利多銷而增加獲利。

假設今天一條街上只有兩家飲料店，A 飲料店賣的是獨門祕方飲料，這個口味在市面上絕無僅有，如果你要喝，只能向這家店購買。它的飲料一杯要價 300 元，賣出一杯的毛利有 250 元，毛利率 83%；另一家 B 飲料店賣的飲料口味一般，一杯售價 30 元，賣出一杯毛利僅有 10 元，毛利率 33%；用金額來看，B 店要賣出 25 杯，才能獲得跟 A 店賣出一杯飲料相同的毛利。

那麼，這兩家店誰能賺得比較多呢？A 店因為擁有一批死忠客戶，能維持低卻穩定的存貨周轉率，儘管一天只能賣出 20 杯，但因為毛利高，一天就能賺到 5,000 元。

B 店雖然毛利低，但因為定價比較親民，每天生意強強滾，

擁有高存貨周轉率;一天若能賣到 500 杯,仍可賺到 5,000
元的利潤,這就是薄利多銷的概念。

以上這兩種公司,都是可以投資的選擇。當然,如果我們發
現了一家公司具有高毛利率、高營業利益率、又有高存貨周轉
率,可謂上上之選。而平常我們能接觸到的股票,可能很難同
時符合上述條件,但至少股東權益報酬率和存貨周轉率要維持
穩定。其中,股東權益報酬率最好在 15% 以上,愈高愈好。

例如中華食近 8 年股東權益報酬率都在 10% ~ 19% 區間,
崑鼎近 8 年也都在 17% 以上。而日友和大地 -KY 的股東權益
報酬率也都呈現穩定狀況(詳見表 2)。

反觀友達、玉晶光、茂迪,都是屬於競價型產業,歷年屢屢
虧損,股東權益報酬率也時好時壞,相當不穩定,這都是存股
投資人必須避開的類型。

特點5》**非流動負債的銀行借款占稅後淨利比小於2**

非流動負債的銀行借款(以下以「銀行借款(非流動負債)」

表示）指的是借款期限超過 1 年的負債；流動負債指的是借款期限在 1 年內的負債，包含短期借款、短期應付帳款或短期應付票據……等。

不同公司有不同的狀況，流通業如賣場、超商的流動負債高，是因為向廠商進貨會有短期應付帳款，也就是進貨後，公司還沒有付給上游廠商的款項。但由於其商品流動性佳，所以賣掉商品後，馬上就可以取得現金還債，也許 3 個月、半年跟上游廠商結一次貨款。

表2 中華食、崑鼎股東權益報酬率高且穩定

年度	友 達（2409）	玉晶光（3406）	茂 迪（6244）	
2010年	2.66	16.22	22.74	
2011年	-24.40	19.43	-11.72	
2012年	-29.28	11.71	-30.67	
2013年	2.50	-4.71	1.71	
2014年	9.54	-8.55	-7.73	
2015年	2.39	-15.48	-4.56	
2016年	3.27	-2.59	-6.56	
2017年	14.20	15.04	-24.59	

註：中華食原名為「恆義」，於 2013 年更名；大地 -KY 股東權益報酬率資料始於 2011 年

　　在負債的部分，我們要關心的是「銀行借款（非流動負債）」這個項目。為了避免風險，一家公司在財務上，最好要穩健保守一點，我希望公司最好沒有銀行借款（非流動負債）；如果有，金額也要低於公司 2 年的淨利。

　　也就是說，公司只要靠 2 年的獲利，就能夠把所有銀行借款（非流動負債）還清。根據巴菲特（Warren Buffett）的看法，真正優良的企業，通常都沒有借貸的必要，好公司多數不太使用財務槓桿。

──2010年～2017年股東權益報酬率

單位：%

日 友 （8341）	中華食 （4205）	崑 鼎 （6803）	大地-KY （8437）
7.36	14.68	25.49	－
9.83	10.94	25.09	29.12
8.64	14.75	21.73	26.27
20.95	11.94	17.34	22.81
21.56	11.89	17.45	22.14
27.59	15.24	17.48	19.89
26.10	17.67	28.12	21.43
30.38	19.06	18.28	23.24

資料來源：XQ 操盤高手、公開資訊觀測站　　整理：華　倫

　　表 3 為上述 7 家公司在 2017 年非流動負債中的銀行借款和稅後淨利，日友、中華食、崑鼎、大地 -KY 的比值都是小於 2，代表非流動負債中的銀行借款小於 2 年稅後淨利，負債情況安全，公司沒有過度舉債。友達的比值為 255.2，代表要 255.2 年稅後淨利才能償還非流動負債的銀行借款。

　　2015 年 7 月 14 日有則新聞：

　　「面板大廠友達籌募的 300 億元聯貸案，已由台灣銀行出任管理銀行出面籌組，有關人士表示，儘管面板業的景氣最近 1、2 年來的確好轉，但由於高科技產業的近年來全球市場供需景氣轉化實在太快，因此銀行團將在新聯貸案裡，比照近來

表3 銀行借款與稅後淨利比小於2，公司體質較佳

項目	友　達（2409）	玉晶光（3406）	茂　迪（6244）	
*銀行借款（億元）	1,089.70	6.26	2.09	
稅後淨利（億元）	4.27	10.48	-30.31	
比值	255.20	0.60	-0.07	

註：* 此銀行借款為非流動資產項下的銀行借款　　資料來源：XQ 操盤高手　　整理：華　倫

籌組的高科技聯貸案加入『浮動利率』機制，加碼利率將以基準利率往上加 90 點～ 135 點（1 點是 0.01 個百分點）為浮動區間」。

以友達為例，最近 8 年（2009 ～ 2017 年）的銀行借款（非流動負債）平均有千億元以上水準，但近 8 年來友達總共替股東賺了多少錢？答案是很令人感傷的，不但沒有賺錢，反而賠了約 424 億元。

姑且不論公司創造了多少就業機會、製造出全世界一流的面板，我們就投資角度而言，長期來看，友達絕對不是一個好的

──2017年銀行借款（非流動負債）與稅後淨利

日　友 （8341）	中華食 （4205）	崑　鼎 （6803）	大地-KY （8437）
2.46	0.65	5.00	3.10
7.84	2.65	7.61	4.27
0.31	0.25	0.66	0.73

選擇。

另一個例子,就是 DRAM(動態隨機存取記憶體)製造商,這類公司偶爾會出現驚人的獲利,當景氣好時,每家公司競相擴產,公司每天有數不完的鈔票,只不過這樣的好景通常不會太久。

一旦需求趨緩時,全世界的製造商就會開始降價,當初大筆的資本支出頓時變成了拖油瓶;這些公司要持續耗費巨資,才

表4 **每股稅後盈餘呈逐年穩定成長的4家好公司**

年度	友 達 (2409)	玉晶光 (3406)	茂 迪 (6244)	
2010年	0.76	5.99	12.30	
2011年	-6.94	10.92	-5.61	
2012年	-6.20	9.04	-11.49	
2013年	0.45	-3.74	0.58	
2014年	1.83	-6.95	-2.41	
2015年	0.51	-11.30	-1.37	
2016年	0.81	-1.54	-1.86	
2017年	3.36	10.50	-5.92	

註:中華食原名為「恆義」,於 2013 年更名;大地 -KY 於 2015 年 5 月上櫃

能確保其競爭優勢。而我們要選擇的長期投資標的應該是——公司不需大量資本支出、不需要太多負債，就可以讓公司獲利。

特點6》公司獲利和配息每年均穩定成長

如果公司獲利起伏不定，應該也不是一個長期投資的好標的。消費性壟斷公司具有既深且廣的護城河，競爭對手難以攻擊，因此獲利應該都非常穩定，而公司獲利成長、配息增加，

——2010年～2017年每股稅後盈餘（EPS）

單位：元

	日 友 （8341）	中華食 （4205）	崑 鼎 （6803）	大地-KY （8437）
	0.81	2.37	8.00	3.42
	1.12	1.83	9.44	4.82
	1.17	2.46	11.00	5.71
	2.66	1.86	10.06	6.05
	3.04	1.90	10.47	7.19
	4.71	2.51	10.84	8.06
	5.50	3.09	12.80	10.32
	7.03	3.28	11.41	12.59

資料來源：XQ 操盤高手　　整理：華 倫

才是股價上漲的動力。

　　穩健成長的公司，一方面代表不確定的因素少，二方面代表你可以不用一直關注它。投資獲利起伏不定的公司，可能會影響你的工作，讓你睡不著覺，因為你可能常常會想要寫信或打電話問公司的營運狀況；如果當你問不出什麼所以然的時候，我建議還是將股票出脫，或者一開始就不要買。同樣觀察 7 家公司最近 8 年的獲利狀況，可發現日友、中華食、崑鼎、大地 -KY 的獲利逐年穩定地向上攀升（詳見表 4），不確定因素較少。

　　消費壟斷型的公司，也多會有獲利穩定成長的特色，強大的護城河不讓對手越雷池一步，因而能逐漸擴大版圖、增加獲利。

3-2
想安心存股穩穩賺
還是少碰科技股

　　如果我早知道股票的意義、投資的真諦，我不會在 1998 年底向誠泰銀行（已於 2005 年 12 月 31 日與新光銀行合併）借 10 萬元買進 105 元的仁寶（2324），而是應該在 1999 年買進 26 元的恆義（代號 4205，1999 年 1 月 30 日上櫃，現改名為中華食）。若分別在 1998 年底以股價 105 元買進 1 張仁寶，或 1999 年 1 月底以 26.1 元買進 1 張恆義，持有至 2015 年 8 月 31 日，含配股配息的累積報酬率，恆義是 437.9%，仁寶為 36.6%。

　　於本書 3-1 中曾提到友達聯貸案，連擁有眾多專業分析師的銀行都認為高科技業景氣變化太快，更遑論我們這些升斗小民。接下來我們直擊 2015 年 NB（筆記型電腦）代工龍頭廣達的股東會現場：

　　「小股東針對股利分配，持續不斷表達意見，最後引起林百

里略動肝火，向小股東嗆聲，『已發給股東們這麼多股利，為
何還有意見？』小股東解釋回應，只是想知道明年廣達股利是
否可維持在今年的水準，林百里對此回應，『這個問題誰都沒
有答案，沒人可知明年景氣與營運情況。』氣氛一度尷尬。」

（摘自「鉅亨網」新聞）

科技股獲利與股價起伏劇烈

眾所周知，台灣以外銷出口導向為主，電子產業實力堅強，
有完整的上、下游供應鏈，也是國外品牌大廠最青睞的合作夥
伴。有些電子公司的規模大到別人無法跨越雷池一步，進入門
檻高，但相對退出門檻也高，如果碰到革命性的變化，廠商若
來不及反應，通常會踏上衰敗的命運。

科技股在台灣股市掛牌數量最多，成交金額最大，也無怪乎
台灣的投資人偏好投資科技股。

電視的股票分析節目，科技股也占大宗，探究其原因：第1，
大概是只有科技股才需要分析，中華豆腐、大統益（1232）
的美食家沙拉油或中華電信要分析什麼？如果節目分析這些

股票，應該沒有收視率吧？第2，因為科技股受景氣波動大，一年當中股價的高、低點差1倍或數倍都有可能，大家都想要快速致富，因此喜歡短線買賣這類公司，卻忽略當中暗藏風險。

如果把時間拉長來看，科技股過去股價可能高達好幾百元，如今卻只剩下個位數。像是晶片股威盛（2388）股價曾達629元，2015年3月已跌破10元，到7月底時更僅剩不到5元。又如光碟廠錸德（2349）、中環（2323），過去也曾經風光一時，2015年8月已剩不到3元，精碟更淪落下市、關門命運，太陽能廠茂迪（6244）、益通（3452）也沒好到哪去（詳見表1）。

只要在股市夠久的投資人，隨便都可以舉出很多科技股潮起又潮落的例子。很多科技股都曾叱吒風雲，更有許多「一代拳王」（詳見註1）傳奇，最終多數科技廠商還是抵擋不住趨勢

註1：「一代拳王」為聯發科董事長蔡明介提出，原意為IC設計公司若研發出一項符合市場需求的新產品，則會快速成為市場的王者，但隨著競爭者加入，公司本身卻沒有持續創新，則會快速失去寶座、遭市場淘汰。此狀況套用在眾多科技公司同樣適用，因此常被用來形容迅速崛起卻又急速衰退的科技股。

表1 科技類股歷史股價高低落差大

晶片　　　　　　　　　　　　　　　　　　　　單位：元

項目	威盛 （2388）	矽統 （2363）	揚智 （3041）
歷史最高價	629.00	169.00	279.00
歷史最低價	4.30	3.07	9.00

面板　　　　　　　　　　　　　　　　　　　　單位：元

項目	友達 （2409）	群創 （3481）	華映 （2475）	彩晶 （6116）
歷史最高價	79.50	178.00	64.00	38.30
歷史最低價	8.03	8.48	0.40	1.20

太陽能　　　　　　　　　　　　　　　　　　　單位：元

項目	茂迪 （6244）	益通 （3452）	中美晶 （5483）
歷史最高價	985.00	1,205.00	375.00
歷史最低價	5.91	2.35	4.90

光學鏡頭　　　　　　　　　　　　　　　　　　單位：元

項目	大立光 （3008）	亞光 （3019）	玉晶光 （3406）	今國光 （6209）
歷史最高價	6,075.00	380.00	596.00	181.00
歷史最低價	128.00	20.95	15.35	8.16

──科技類股歷史最高價、最低價

CD-R

單位:元

項目	錸德 (2349)	中環 (2323)	精碟
歷史最高價	355.00	213.00	350.00
歷史最低價	2.20	2.38	下市

主機板

單位:元

項目	華碩 (2357)	技嘉 (2376)	微星 (2377)
歷史最高價	890.00	439.00	280.00
歷史最低價	29.50	9.90	10.60

IC設計

單位:元

項目	聯發科 (2454)	聯詠 (3034)	瑞昱 (2379)
歷史最高價	783.00	255.00	301.00
歷史最低價	171.00	23.50	27.10

註:統計期間始於各股掛牌上市櫃～ 2018.11.14;群創於 2010 年購併奇美電,友達於
  2006 年購併廣輝
資料來源:台灣證券交易所　　整理:華　倫

的潮流和時代的變遷，敗下陣來。

葫蘆裡賣什麼藥？搞不懂也敢投資？

照理說，一個企業體要慢慢發展，隨著競爭力日益強大，公司的市占率節節上升，獲利跟著攀高，股價才會慢慢上漲，但是高科技公司打破了這個規律。在網路泡沫之前，有些網路公司連營收都還沒出來，更遑論獲利，股價就可以炒得老高；而人們對於聽不懂的高科技，卻常常趨之若鶩。

我也有這樣的慘痛經驗。2002 年《經濟日報》有則新聞：「陳水扁總統昨日（3 月 6 日）聽取超導專家王守田針對『全球超導科技發展現況及台灣超導產業建立必要性』所做的簡報，認為面對全球競爭，台灣須堅持發展知識經濟，建立更多具全球領導競爭力的高科技產業，政府將協助落實台灣成為全球超導產業中心的理想。」

當時號稱華人之光的超導體博士王守田，籌組超導國際科技股份有限公司；當時我以 50 元買進未上市股，不久王守田董事長離職，改由當時的精剛（1584）董事陳輝堂接任。而財

經版頭條的標題卻指稱，台灣超導國際科技公司技術作價取得中國超導體公司多少股權、相當於每股稅後盈餘（EPS）有10元……最後我才認清，這家公司根本從來都沒有賺過錢。

我後來想，超導體是什麼，可以吃嗎？是日式料理還是泰式料理？我什麼都不知道，竟然敢投資它？就這樣過了10幾年，這家公司的股票還躺在我家裡的保險箱裡面，而在2014年，公司已經宣布倒閉解散了。

新科技激勵人心，卻難保長久賺錢

不只散戶投資人愛科技股，其實外資基金經理人也愛，曾任荷銀投信投資長的林群曾說過：「其實有時候外資對於愈是聽不懂的新興科技，愈愛買。」

2000年，手機是當紅產業，希華（2484）主力產品是石英元件，聽起來很厲害，和「超導」一樣，感覺是一種技術門檻相當高的科技，分析師可能也不了解、聽不懂。

希華於1999年12月4日掛牌上櫃，從38.5元狂飆至

263 元，外資分析師還紛紛提出「買進」（Buy）的投資評等，將其目標價調高至 400 元，一大堆散戶跟著上車；幾個月時間過去，到了 2001 年 10 月，希華股價只剩下 18.7 元。

另一個例子，下市之前代號 2398 的博達（和宏達電代號 2498 只差一個數字）。博達的產品和希華一樣，具有聽不懂的特性，它叫「砷化鎵」，當時所有的分析師、所有的專家都跑去研究砷化鎵在手機上的應用。

博達在 1999 年 12 月 18 日以 80 元掛牌上市，一路飆到 2000 年 3 月的 368 元，外資在 2000 年不斷買進博達股票，結果卻跳進了死胡同；之後博達一路跌，最終爆發掏空案，2004 年 9 月 8 日股票下市。

對於資深的股民來說，當初買的科技股，而今安在哉？市場上只要有一套激勵人心的說法，就能讓人拿白花花的銀子出來買股票，舉凡電話、汽車、飛機、電視、電腦、網路、手機，每一次典範轉移，每一次重大的科技突破，都改變了人類的生活，這些公司也都創造了話題。這種高科技股的股價都曾經飆漲過，但最後存活下來會賺大錢的，只有 1、2 家。

現在的高科技，幾年後就可能過時

巴菲特（Warren Buffett）說過：「高科技會帶給人們便利的生活，卻不能替股東創造財富。」巴老指的應該是長期而言吧？如前文所述，看看台灣科技股的長相就可窺知一二。要存股，最好不要存科技股，除非你眼光獨到，能存到像大立光（3008）這種全世界競爭力最強的公司。高科技始終來自於人性，而人性本就善變，現在的高科技，在5、6年後不見得還是高科技。

五、六年級生一定知道芬蘭之光諾基亞（Nokia），1996年到2010年是全球手機業龍頭，全球曾經有一半的手機都是由這家公司製造出來的，曾經這麼偉大的公司，它的地位竟也迅速被取代。

智慧型手機的問世，打敗了只有通話功能的傳統2G手機，2011年宏達電的市值超越了諾基亞，而後蘋果公司的iPhone又急起直追，諾基亞被遠遠甩在後頭。2013年9月，諾基亞的手機事業被微軟（Microsoft）購併，隔年10月，微軟宣布不再使用諾基亞品牌；至此，諾基亞手機事業正式謝

幕,與世人道別。

至於當時和諾基亞分食手機市場的易利信(Ericsson)手機事業也消失了,摩托羅拉(Motorola)則陸續被谷歌(Google)、聯想(Lenovo)收購。大家也可以好好思考,現在最紅的蘋果,會不會永遠是紅蘋果呢?來看幾則新聞:

2014 年 10 月 13 日報導:

表2 7檔蘋果概念股近年股利不穩定

項目	欣 興 (3037)	TPK-KY (3673)	緯 創 (3231)	
產品	印刷電路板	觸控面板	組裝	
2010年	2.60	0.50	3.70	
2011年	1.50	22.68	2.70	
2012年	1.10	20.91	2.00	
2013年	0.60	4.98	2.00	
2014年	0.50	0.47	1.54	
2015年	0.30	0	1.50	
2016年	0.30	0	1.48	
2017年	0.50	3.00	1.46	

註:本表年度為股利所屬年度;股利以四捨五入至小數點後第 2 位

　　「蘋果新機銷售狀況暢旺，尤其是 6 Plus，本週將在中國進行銷售，搭配新版 iPad 及 Macbook 銷售，預料台廠相關供應鏈營收可望續強！」

　　2015 年 7 月 23 日報導：

　　「美股蘋果概念股慘跌、費城半導體指數跌至 8 個月新低，蘋果在 21 日盤後公布的 iPhone 銷售量、本季營收預估皆不如市場預期，衝擊股價下挫 4.29%、收 125.14 美元，創 7 月

——近8年每股股利合計（現金股利＋股票股利）　　　　單位：元

嘉聯益 （6153）	景 碩 （3189）	南 電 （8046）	和 碩 （4938）
軟板	IC載板	IC載板	組裝
2.00	3.00	0.68	1.45
2.00	3.00	2.00	0
1.50	3.00	0	1.48
1.00	3.50	0	2.77
0.63	4.00	1.30	4.04
1.00	3.50	1.00	5.03
0.50	3.00	0.80	4.93
0.20	1.50	0.50	4.00

資料來源：Goodinfo! 台灣股市資訊網　　整理：華　倫

10 日以來收盤新低。iPhone 4 ～ 6 月銷售量年增 35%（季減 22%）至 4,753 萬 4,000 支。」

2018 年 11 月 5 日報導：

「蘋果新款手機 iPhone XS Max、iPhone XS 在中國的銷售數字遠遠低於預期，蘋果公司已對製造商富士康、和碩（4938）砍單 10%。」

其實不只有蘋概股的鴻海（2317）、和碩，還包括了機殼廠可成（2474）、觸控供應商 GIS-KY（6456）、耳機製造商致伸（4915）、聲控元件廠美律（2439），甚至鏡頭廠股王大立光，股價自 2017 年高點至 2018 年都有不小的跌幅。

對於存股族而言，台灣的「蘋果概念股」能不能買呢？繼續提醒大家，長期存股者，著眼的是長期穩定的股息，台灣的蘋果概念股常因蘋果手機熱賣，股價大漲；蘋果銷售不振，股價就狂跌，長期獲利明顯不穩定，業績時好時壞，同時還要擔心公司訂單會不會被其他對手取代，股利也起伏不定（詳見表 2）。長期看來，真的不是安穩的「存股」標的。

投資股票就是希望公司的總市值增加，股息發得多，我們小股東賺得多，對於喜歡做夢的、看本夢比的投資人一定要心生警惕，不要被一時的氣氛所迷惑了。

當然不只科技股會有本夢比，各種類股、每一檔股票都有可能突然被捧上天，我只是以科技股為例；因為近年來，科技股比較容易被天馬行空的畫上一個大餅，另外，像是生技股也很容易有本夢比，還在虧損的公司，股價卻拚命飆，最後慘跌的例子也不難找。

有時候，當股票被冠上一個「某某概念」，頓時整個市場上都在討論這類股票，這時候存股族唯一要做的事情，就是「什麼都別做」，隨便聽聽、看看就好；灰姑娘的馬車會在午夜12點時變回南瓜，而馬伕就會變回老鼠。醜小鴨變成天鵝的故事不會常常發生，對於我們不懂、不容易理解的公司，還是少碰為妙。

3-3

逛街、上餐館
也能嗅到好股票

　　除了讀萬卷書之外，更重要的是行萬里路。傳奇基金經理人彼得・林區（Peter Lynch）說：「天下最糟糕的事情，莫過於投資股票，卻不了解所買的公司。」這就好比通宵打牌卻不看自己的牌是一樣的。

　　逛街、壓馬路、巡視賣場早已變成我的習慣。我曾經在大潤發看到中華食品的中壢經銷商在補貨，我問他多久會來一次？他說不一定，現在暑假銷售比較好，所以比較常來。我又問，如果賣不完過期怎麼辦？他說要自己吸收成本，但其實也還好，不會很多。

　　我又問，「我們家都是買中華豆腐，可是看到架上還有其他品牌，像義美豆腐、大漢豆腐等，對你們的銷售量有沒有影響？」他說，「義美和大漢不是對手啦！其他地方我不知道，在大中壢地區，我們銷售量最好啦！」他說的應該是實話，因

為貨架陳列的，中華豆腐確實比其他牌子的豆腐多很多。

　　大潤發販售的中華豆腐，3 盒一包裝，售價從 2018 年年初的 34 元，至年底已經調漲到 39 元。以股東的立場，當然是希望公司能反映原物料成本的增加而調漲售價，這種售價的調整，我們可以從逛賣場輕鬆獲得資訊。延續本書 3-2 所述，假設你買到的是蘋概股，試問你如何可以得知美國蘋果公司對台灣蘋概公司的下單狀況或代工價格呢？

多看多問，找到好公司非難事

　　每年學校都會安排醫院到學校，幫教職員工做例行性健康檢查。2012年，我代課的學校是由板橋國泰醫院負責身體檢查，輪到我要抽血時，我不小心碰到桌上的廢針頭箱，一些針頭掉了出來；當時我很不好意思，想伸手幫忙把針頭放回原位，可是護理師馬上大聲制止我，叫我不要碰！她的音量有點嚇到我，我也立刻了解到，有些疾病會透過血液傳染，萬一我不小心被針頭扎到，那還得了！

　　抽血過程中，我順口問了護理師，這些廢針頭怎麼處理？她

說有專門的廠商在做。聽到了嗎？這就是關鍵字。我一回家，馬上搜尋處理醫療廢棄物的公司，很快找到了許多公司，包括日友（8341）、嘉創、環偉、達闊、漢祈、水美、國鉅等。

其中日友環保科技公司在 2010 年，被《天下雜誌》評為快速企業 50 強榜首，大股東是富爸爸潤泰集團，從事醫療事業廢棄物業務方面回收處理，其感染性事業廢棄物為國內首家申請核准的焚化處理廠商，擁有完善的處理技術，在台灣的醫療事業廢棄物處理市場具有一定的市占率。

以處理量為基準，日友在各縣市的市占率分別為：新北市 77.26%、台北市 48.32%、雲林縣 98.17%、台南市 72.33%、台東縣 92.20%，並在北京取得唯二的兩張醫療廢棄物處理執照（資料截至 2018 年 10 月，另一家取得執照的北京金州安潔公司已退出北京醫療廢棄物處理）。

日友原本是未上市股票，2014 年 3 月 28 日登錄興櫃之後，我開始慢慢買進，平均成本在 50 元上下；2015 年 3 月轉上市，7 月底收盤價為 85 元，帳面報酬率達 70%；2018 年，股價已經超過 200 元。

　　另一個例子是，2013 年、2014 年受到大統長基和頂新的地溝油、黑心油事件影響，餐廳、各級學校、小吃店無不風聲鶴唳。受害廠商紛紛改用其他品牌油品，而沒有中標的業者更跳出來自清，在店門口公布油品名稱，學校也在網站上公布使用哪家油品，這時就是市調的好機會，且立即感受到大成（1210）、福壽（1219）、美食家（大統益（1232）的旗下油品）的市占率，而我去餐廳或小吃店用餐時，也會詢問餐廳是用哪家油品。

　　凡此種種，從日常生活中就可以探聽到公司營運好不好？市占高不高？尤其對於冷門績優的小型公司，法人多半不會注意到，這就是我們散戶的機會。若消息又來自於公司內部第一線的員工，這比看外資券商報告還要快，也更準確，這才是真正的內線消息。

　　但是，許多人對於容易了解的賺錢企業常視而不見，而偏偏愛亂冒險，買些複雜又容易虧本的公司。再強調一次，要買你所了解的公司，產品清楚易懂，想想平常我們常聽到的廣告詞：「全國電子揪甘心」（全國電，股票代碼 6281）、「只有遠傳沒有距離」（遠傳，股票代碼 4904）、「歡迎光

臨 Myfone」（台灣大，股票代碼 3045）、「Always open, 7-ELEVEN」（統一超，股票代碼 2912），這些公司老是在賺我們的錢，可以納入觀察名單。

記得千禧年時（2000 年），已在光碟片市場占有一席之地的精碟科技尋求公司轉型，公司宣稱它們有製造 200 吋大銀幕的技術，當時我在竹北一家補習班授課，我將此訊息分享給同事，其中有一位還在大學念書的工讀生馬上就提出疑問：「200 吋的銀幕要做什麼？」當時我也答不上來，只覺得公司的技術很好。

紙上談兵，不如直接走進賣場

彼得‧林區做過一個實驗，發現由一群學生組成的團隊，他們選出來的股票，1 年後的報酬率，竟然勝過一群專家。事實上，不懂股票的人，往往能站在第一線消費者的立場，直覺感受到什麼產品是我們真正需要的？我們應該多花點心思在周遭的同事、朋友身上，如果你的職業是老師、教官或者業務員，那就更棒了！因為你會碰到更多的學生（學生也算是消費主力）、遇見更多的客戶，有更多的樣本以供參考，看看他們喜

歡用什麼產品？喜歡吃什麼東西？喜歡什麼樣的服務？

股價不會永遠脫離基本面，真相最後必定大白，投資人常花很多心思找尋或研究潛力股、熱門股，殊不知，紙上談兵不如直接逛街、逛賣場，那裡才會有第一手資料！請記住，「最值得投資的，也許就是自己已經擁有的」，當我用 10 幾元買佳格（1227）的時候，殖利率超過 9%（遠超過我目前的 4.5% 標準）。每次到賣場、福利中心，看到佳格的產品都是最多，銷量最好，隨著公司獲利的成長，我便一直加碼（不過後來發現佳格獲利衰退時，我也有調節賣出）。

我們所要投資的公司，產品必須能讓我們很簡單做到市場調查，你不會搞不清楚公司的競爭對手在哪裡，只在世界上某個角落？也許正在發明新的晶片？這個晶片比聯發科（2454）生產的晶片效能更好？價格更便宜？這些我們根本無從得知，就算公司知道也不會跟你講。

但是，市場上什麼時候出現新的保全公司、新的便利超商，侵蝕到中保（9917）、統一超的市占，你可以很快知曉。競爭對手要踏進地盤、掠奪生意，也許要花 5 年、8 年的時間，

但是生意消長是有目共睹的，我們只要多加觀察，都能約略「感覺」出來；經由你的實際體會，自然也能做出比較正確的投資決策。

眼見為憑，自己看到的才算數

由於現在是網路時代，出現非常多的社群媒體，如今上網也可算是另一種形式的逛街。在網路上常看網友的評論，大概也可以知道哪家公司比較賺錢。有趣的是，通常消費者抱怨最多、卻又不得不去消費的，極有可能是一家很賺錢的公司。

選股可以多樣化，但不要花樣多，我們可以透過不同管道、看不同族群消費者的行為，也不需要做太多無謂工作，追求一些自己都不懂的高科技產品，因為可能適得其反。與其上網研究上千家股票，不如上街選股，我們根本不需要花太多時間，去了解所有上市櫃公司的產品和技術，因為永遠了解不完，不是說「百鳥在林，不如一鳥在手」嗎？我們應當先了解自己不懂什麼，然後就可以篩掉絕大多數的股票了。

走筆至此，想必大家對於如何獲取第一手資訊有了初步的了

解，選定公司之後，要何時買進？如何買進？容我稍後再談。

投資人常常都會問別人，「什麼股票可以買？多少錢可以買？」其實下次不用問別人，也不需要問專家，更不用看法人報告，因為你看法人報告不見得看得懂；就算你看得懂，它也不一定是真的。

口說無憑，一定要是你自己看得到的才算數。沒有人會比你更在乎你自己的錢，你自己就是專家，問自己就好了；從自己的消費行為就知道，觀察周遭的人、事、物，有哪些產品是最夯？最熱門的？緊盯著它，自己看到的就是第一手消息！

3-4

不畏景氣低潮
生活型好股創造穩定金流

2015 年 4 月台股才剛觸及萬點,就連續碰到多項利空,包括景氣燈號落入藍燈、希臘倒債事件、人民幣無預警貶值、全球股災等。從 4 月的萬點到 8 月 24 日最低點,台股跌幅達 28%。

接下來台股便從 2015 年 8 月底的 7,200 點左右開始一路上攻,其間雖有修正,但一直都能維持多頭格局。自 2017 年 5 月 9 日攻上萬點大關(盤中高點 1 萬 1.94 點)之後,展開了創造歷史紀錄的萬點行情之旅。2018 年 1 月 23 日,大盤達到波段高點的 1 萬 1,270 點,指數也大多維持在 1 萬 500 點以上,直到 2018 年 10 月 11 日才跌破萬點大關,至 2018 年 10 月 26 日,指數跌到 9,400 點的波段低點。在過去 2、3 年大多頭行情中,很多投資人的績效都不錯,但卻在短短 2 個月之內賠光過去幾年的獲利不說,還倒賠、套牢者比比皆是。

耐心＋時間，小雪球滾成大雪球

投資人深受利率政策、匯率變動、景氣波動、經濟數據等因素而影響投資決策，但是大家知道嗎？巴菲特（Warren Buffett）已經持有可口可樂（Coca-Cola）股票快 40 年了，美國道瓊工業指數從 100 點漲到 2 萬 5,000 點（2018 年）的過程，歷經了多少個景氣高峰與景氣低谷？多少個金融危機？多少個國際戰爭？每一次戰爭，每一次大災難、大恐慌、大崩盤，在當時都如同世界末日般。但當你看看道瓊工業指數有史以來的走勢圖，當時所謂的世界末日，現在看來不過是雞毛蒜皮的事情。

有一部電影叫做《瘋狂世界》，是由琥碧‧戈柏（Whoopi Goldberg）和豆豆先生（Mr. Bean）所主演，敍述一些小人物為了高額獎金，被富豪玩弄於股掌之間的故事；他們歷經了不同的故事和遭遇，最後還是成功抵達終點。

如果你在道瓊 1,000 點或 2,000 點的時候，知道它最後會漲到 1 萬 8,000 點或更高的位置，那麼中間的過程，其實是不重要的。人類似乎有某種本性，喜歡把簡單的事情弄複雜；

要如何將小雪球滾成大雪球？就是「耐心＋時間」，長期持有具競爭力的公司，就是將雪球變大的關鍵心法。

在巴菲特的投資哲學中，有一個信條就是要追求簡單、避免複雜，他挑中的公司都是與日常生活息息相關的公司，只要人類社會繼續存在，這些體質好的生活型股票，永遠都可以賺取現金。

買股票的同時，你必須想像你就是公司的經營者。當公司賺錢，你就會賺錢；不要一直想著股票上漲，你才會賺錢，因為炒短線的心態並不是投資的本意。正確的心態是看公司值不值得投資、看價錢夠不夠低廉，真的、真的不需要盲從，不要受到群眾影響，或受到短期利多、利空因素而動搖，有時候接收太多資訊，不如完全沒有資訊。

「如果高點不賣股票，萬一下跌了怎麼辦？」這是一般散戶交易者的疑問，就像國二升國三的學生問我，「老師，我現在就複習，到國三會考前我會忘記，怎麼辦？」我的回答都是：「不怎麼辦，本來就會忘，忘了再複習就好。如果不會忘的話，老師就要帶你去醫院檢查一下腦袋了，看看你是愛因斯坦

（Albert Einstein）還是牛頓（Isaac Newton）。」

所以說，股市回檔沒什麼好驚訝的，誰能預測這種事呢？連投資高手如巴菲特、彼得‧林區（Peter Lynch）和科學家牛頓都辦不到。好比大家都知道，近幾年來人類不斷摧殘地球，世界各地異常的極端氣候頻率增加；冬天頻頻創下新低溫紀錄，夏天就創下新高溫紀錄；細菌、病毒不斷變異，奇怪的疾病一直出現……這麼可怕的環境，難道我們就不要活了嗎？

人總是要去適應環境，冬天變冷，就去買個關東煮或暖暖包來取暖；夏天愈來愈熱，就多多運動，培養強健的體魄。股票的漲跌變化，也如同四季氣候變化般平常。賺錢的公司股價回檔，正是能考慮買進的時候；就如同金融海嘯時，全球經濟衰退、景氣低迷，但是人終究是要過活，這正是你逢低買進生活型好股票的最佳時機。當你對未來感到恐懼，陷入憂鬱之際，你要告訴自己，地球還是會繞著太陽轉。用更大的格局看未來，當你知道目的地在哪裡，中間的過程都不算什麼了。

巴菲特喜歡買了就忘的公司，我們就來看看，巴老靠哪些公司，得以創造一個不斷電的現金流入系統，讓現金源源不斷地

流入？

巴菲特滿手民生股，創造不斷電現金流

巴菲特執掌的控股公司波克夏（Berkshire Hathaway），截至 2015 年第 1 季底的持股（詳見表 1），涵蓋了各種生活領域：

1. **金融股**：富國銀行、穆迪信評、美國合眾銀行、高盛集團、紐約銀行、M&T 銀行。

2. **電子票證**：美國運通卡、VISA 卡、萬事達卡。

3. **電信股**：威瑞信通信、威瑞森通訊。

4. **有線電視、網路電視**：Direct TV、查特通訊、維亞康姆傳媒、自由媒體全球公司。

5. **公共事業股**：森科能源（加拿大合成原油）、飛利浦 66 煉油公司、Now 天然氣公司。

6. **實體通路股**：沃爾瑪百貨、好市多。

7. **物流公司**：UPS 優比速（快遞公司）。

8. **健康護理**：寶僑、達為塔健康管理、賽諾菲製藥公司、嬌生。

9. **食品股**：可口可樂、餐廳品牌國際（漢堡王母公司）、億滋國際、卡夫食品。

綜觀巴菲特買進的這些類股，都具有能夠長期持有，不畏景氣變化的特色：

1. **金融股**：應該是一個永遠也不會消失的行業，它是一個國家的經濟命脈，金流全靠它，人們會把錢放在這邊，人們也會做保險規畫、還有不管誰要借錢都得透過它。另外它還發行塑膠貨幣，讓人們不用帶很多的現金，用信用卡就能消費。

2. **電子票證**：美股中有美國運通卡、VISA 卡、萬事達卡等大型發卡公司，台灣雖然沒有這種國際發卡機構可以投資，但

表1 股神巴菲特獨鍾生活型股票

公司名稱		比重（%）
富國銀行	Wells Fargo	23.88
可口可樂	Coca Cola Co.	15.14
IBM	International Bus. Machines	11.92
美國運通卡	American Express	11.06
沃爾瑪百貨	Wal-Mart Stores	4.64
寶僑	Procter & Gamble	4.04
美國合眾銀行	U.S. Bancorp	3.41
達為塔健康管理	DaVita HealthCare Partners	2.93
Direct TV（衛星電視）	DIRECTV Group Inc.	2.49
穆迪信評	Moody's Corp.	2.39
高盛集團	Goldman Sachs Group	2.22
通用汽車	General Motors	1.44
迪爾公司（農用設備）	Deere & Co.	1.42
查特通訊（有線電視）	Charter Communications	1.08
美國石棉公司	USG Corp.	0.97
精密鑄件公司	Precision Castparts	0.82
威瑞信通信	Verisign Inc.	0.81
紐約銀行	Bank of New York	0.78
威瑞森通訊	Verizon Communications	0.68
M&T銀行	M&T Bank Corp.	0.64

——波克夏公司2015年第1季持股概況

公司名稱		比重（%）
森科能源（加拿大合成原油）	Suncor Energy Inc.	0.61
好市多	Costco Co.	0.61
VISA卡	Visa Inc.	0.60
飛利浦66煉油公司	Phillips 66	0.55
維亞康姆傳媒	Viacom Inc.	0.53
自由媒體全球公司	Liberty Global Inc.	0.50
芝加哥橋樑鋼鐵公司	Chicago Bridge & Iron Company	0.49
威伯科（車用電子零件）	WABCO Holdings Inc.	0.44
萬事達卡	Mastercard Inc.	0.42
自由媒體全球公司（C類）	Liberty Global Inc. C	0.34
托馬科保險控股	Torchmark Corp.	0.33
餐廳品牌國際（漢堡王母公司）	Restaurant Brands International	0.30
自由媒體公司（C類）	Liberty Media Corp. CL C	0.29
奇異（又稱通用電氣）	General Electric	0.25
21世紀福斯集團	Twenty-First Century Fox	0.20
賽諾菲製藥公司	Sanofi Aventis	0.18
自由媒體公司	Liberty Media Corp.	0.14

接續下頁

公司名稱		比重（％）
格雷厄姆控股（華盛頓郵報母公司）	Graham Holdings Co.	0.11
Verisk Analytics（保險風險分析）	Verisk Analytics Inc.	0.10
國民油井華高（鑽油設備商）	National Oilwell Varco Inc.	0.09
Media General媒體集團	Media General	0.07
NOW天然氣公司	NOW Inc.	0.04
嬌生	Johnson & Johnson	0.03
億滋國際（食品）	Mondelez International	0.02
卡夫食品	Kraft Foods Group	0.02
UPS優比速（快遞公司）	United Parcel Service	0.01
李氏企業（連鎖報業）	Lee Enterprises	小於0.01

註：統計至 2015.03.31　　資料來源：dataroma　　整理：華　倫

也有類似的概念，你使用它就得付費，例如悠遊卡、一卡通、icash 卡等。

　　3. 電信股：透過手機、平板電腦上網已經不是新鮮事，但我們未來可望進入與網路關係更緊密的「萬物聯網」時代，例如保全、冰箱、汽車等，不管什麼東西都要聯網，只要上網就要付通行費。

4. **有線電視、網路電視**：人們一定要有娛樂，會從電視上看電影、看 NBA（美國職業籃球聯賽）、看中華職棒，擁有最後一哩（連結到用戶的管道）的有線電視將是兵家必爭之地。電信二哥台灣大（3045）和三哥遠傳（4904）就分別砸大錢買了有線電視業者凱擘和中嘉；未來，有線電視若要抓住觀眾的眼球，「內容」是決定勝負的關鍵。

5. **公共事業股**：賣瓦斯的、煉油的、發電的公司擁有固定的收益，雖然成長幅度不大，但有現金股利穩定的概念。

6. **實體通路股**：雖然網購日益普及，但將來線上、線下消費模式將日益模糊，網購業者會跨入實體，實體通路也會跨足網購，然而虛擬通路永遠無法完全取代實體通路。

7. **物流公司**：物流公司是網購的最後一哩，漸漸成為從製造端到消費端之間，最重要的一環。

8. **健康護理**：社會進步所帶來的代價，則是老年化社會，包括居家照護、保全、醫療器材、製藥等相關公司，重要性日益明顯。

9. **食品股**：如果有人只靠呼吸就會長大，那我一定不投資食品股。你去賣場、超商、購物中心、夜市看看，某些產品在每個地方都有賣，而且 10 多年來都一直在賣，不管是吃的或喝的，你就投資這一家食品公司就對了。

除了上述股票之外，巴菲特也從 2016 年起開始狂買蘋果（Apple）公司的股票。蘋果雖然是科技股，但有點像生活服務概念，並不像我們台灣的蘋概股都是代工製造業。

永不退流行，長期持有是贏家關鍵

巴菲特多次解釋，他對蘋果的熱愛並非著重於短期的財務表現，而是看好品牌與蘋果生態體系的威力。巴菲特說：「我不關注蘋果下一季或明年的銷售，我關注的是，數百萬乃至數億人的生活中脫離不了 iPhone。」

巴菲特持有的公司，都是極具競爭力的公司，而且都長期擁有幾十年，能放這麼久不賣出，表示公司一定要有持久不退流行、無法取代的產品或服務。參考巴菲特所持有的公司類型，可以給我們一些投資靈感。

　　經過了一段長時間，這些公司的股價漲幅都頗大，即便在2015年第1季，創新高的道瓊工業指數達到1萬8,288點、標準普爾500指數達到2,119點之際，巴菲特還是在適當的價格加碼他所持有的公司，增幅最大的公司分別是航太設備製造商精密鑄件公司（Precision Castparts）、涵蓋電視頻道與有線電視業務的21世紀福斯集團（Twenty-First Century Fox）、菲利浦66煉油公司（Phillips 66）。增幅較小的則有生產農用設備的迪爾公司（Deere & Co.）、美國合眾銀行（US Bancorp）、富國銀行（Wells Fargo）等公司。

　　到了2018年第2季，道瓊工業指數已經超過2萬5,000點，巴菲特仍持續加碼某些持股，像是蘋果、美國合眾銀行、高盛（Goldman Sachs）、達美航空（Delta Air Lines）、西南航空（Southwest Airlines）等。

　　假設今天你在馬路上撿到一個阿拉丁神燈，燈神給你3,000萬元市值的股票，而且這些股票讓你一輩子擁有（當然你可以貪心要求燈神，這些股票將來可以留給你兒子、孫子），條件只有一個──這些股票不能賣，但是你可以每年領取公司配發的股息。

　　這個時候你可以和你的小孩一起討論，就以今天的收盤價計算，決定了嗎？來參考看看，像是台積電（2330）、鴻海（2317）、大立光（3008）、TPK-KY（3673）、宏達電（2498）、同致（3552）、為升（2231）、旭隼（6409）、樺漢（6414）、力旺（3529）、譜瑞-KY（4966）、信驊（5274）、智崴（5263）、益通（3452）、原相（3227），以上股票，有些也許你聽都沒聽過，但它們都是現在或以前的高價股，之所以高價，代表公司在某項領域有一定的競爭力。

　　你也可以參考食品股統一（1216），經營 7-ELEVEN 的統一超（2912）、全家（5903）、賣麵粉的聯華（1229）和德麥（1264）、賣元本山海苔、卡迪那洋芋片和製造 7-ELEVEN 御便當的聯華食（1232）、保全業龍頭中保（9917）、生產中華豆腐的中華食（4205）、中華電（2412）、台灣大、遠傳、生產桂格麥片奶粉的佳格（1227）、台新金（2887）、中信金（2891）。當然其他你認為很好、很棒又很賺的公司都可以。再提醒一次，條件是「不能賣股票，公司會每年發股息給你」。

　　當然，可能也有人最後的選擇，是拒絕燈神的好意，理由是：

「我就是喜歡做價差,如果不讓我常常買賣股票,我的手會癢、我的心會痛、我的肝指數會上升,所以我還是不要了。」

如果你也想跟我一樣,學習巴菲特長期投資生活型的好公司,那麼看到這裡,想必從今往後,面對「選股」時,你將能做出明智的選擇。

Chapter 4

實戰》
從零股累積
打造不斷電金流

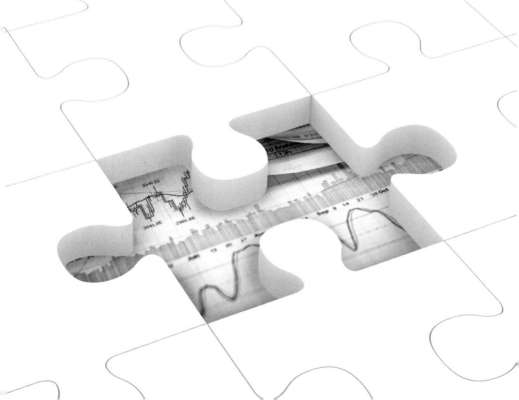

產業分散配置
只投資「有感覺」的公司

如果聽到朋友帶著神祕的口吻說，「我有內線消息，某某股票會從多少漲到多少，目標價是多少，會漲好幾倍喔！」相信此時會有很多人非常感興趣，並且深信不疑。

我不否認，當我還是股市菜鳥的時候，對內線消息也保持高度關注，極可能馬上就下單買股票了；然而事後驗證，總會發現結果並非如此，沒漲就算了，恐怖的是反向下跌，慘被套牢。

然而，人總是健忘的，等到下次又有「內線」的時候，多數人還是會選擇相信，並且一樣下單買股、賠錢，重複同樣的循環。長久以來，我發現愈是誇張的言論，大家愈會相信，相信那位能提供內線的朋友，真的有能力預測指數、預測股價。

分享一個我的個人經驗。當佳格（1227）股價 10 幾元、中華食（4205）10 幾元、遠傳（4904）30 幾元、台灣大

（3045）50 幾元……的時候，我推薦給朋友，朋友一開始都會問，「目標價是多少？會漲到多少？」我也誠實回答，「我不知道。這種股票不會漲，就是持有它，然後每年領息，讓好公司幫你賺錢。」而朋友聽完我的說明之後，從此就不會再打擾我了。

管它指數漲或跌，專心存股就好

想想看，就算不計我的存股上漲所帶來的資本利得，只算我投資的公司每年所配發的現金股息就好，總計這 14 年下來（2005 年～ 2018 年），我領取的股息就超過 1,000 萬元。我要說的是，當你還執著在內線和明牌的時候，長久下來是賺不到錢的，或者應該說是賺不到大錢的。光是每次買賣要支付的證券交易手續費、給政府的證交稅，就不知道被吃掉多少。我們應該要學股神巴菲特（Warren Buffett），把格局放大、目標放遠、立定志向，賺個幾千萬、賺到上億。如果你只想賺個幾萬塊，那麼通常連幾千塊都賺不到，甚至賠掉你想賺取金額的好幾倍。

股市大跌時，也許伴隨著經濟不景氣，但市占率高、具有護

城河的日常生活消費品公司，反而是買點；如果大家都嚇到不敢買股票，你還敢大膽加碼的話，將來必然有超額的利潤。市場悲觀時，必然有很多負面的消息，此時你更要冷靜，不要理會這些危言聳聽；如果沒有信心、不夠樂觀，保證無法執行存股計畫。

信心來自於何處？就是相信世界繼續存在，明天一早起床還是要吃飯，還是有人會生病、會有醫療廢棄物、需要電力，人類會製造垃圾，需要環保公司、你會繼續到超商買咖啡、上臉書打卡、到夜市買雞排、會繼續買麵包、吃豆腐……。別管大盤指數多空，只要有紀律地、定期地買進股票，長期來看，必然獲利豐厚。

再提醒大家一次，如果你還執著於短線價差交易，你會為了很多不相干的事情影響你的工作、你的情緒、你的生活。價差交易者必須要了解總體經濟國際情勢、追蹤籌碼、緊盯 K 線，還要有精準的預知能力。你要隨時關心中東有沒有戰亂？北韓會不會打砲彈？美國會不會受到恐怖攻擊？會不會有超級病毒？進而判斷股價漲跌、低買高賣，希望藉由價差交易，把別人的錢放到自己的口袋。

但是，世上聰明的人何其多，除非你能保證你的 IQ 比別人高、EQ 比別人好，不然你怎麼會期待每一次都是你贏、別人輸？你為什麼又有把握，長期 10 年、20 年的勝率都超過 5 成？

長期投資者，或者說存股者，他們是出錢給公司經營，靠公司的成長、公司的獲利，來分享公司的成果。有紀律的存股，不管指數是 5,000 點、1 萬點、1 萬 5,000 點，他都會有紀律地存下去，從不預測指數會漲會跌，因為他的獲利不是來自於此。

跟著感覺走，不懂的東西就別碰

我喜歡簡單易懂、眼見為憑的公司，要很有「感覺」（有 Feel）的公司。我一定要說明一下什麼叫做「有感覺」的公司，這算是我個人的怪癖吧！我投資的公司必須是在日常生活中處處可見、時時有感，而且 10 年前公司賣的產品或服務，和 10 年後公司賣的產品或服務是一樣的，不會被取代。

像是早期的佳格、全國電（6281）、中華食、大豐電

（6184）、電信股（記得 2009 年，每每晚上快要 10 點
了，經過遠傳門市，裡面都還是滿滿的客人），現在的中保
（9917）、可寧衛（8422）、崑鼎（6803）、日友（8341）、
統一超（2912）、大統益（1232）、大地-KY（8437）等
就大致符合這些條件。

不曉得各位看官們，能否感受到我所謂「有感覺」的公司是
什麼，我喜歡的是一種能深入一般人日常生活的公司，直接又
密切，不像高科技相隔這麼遙遠。自己身為消費者，我能體
會這是不是消費者所要的？巴菲特和他的合夥人查理‧蒙格
（Charlie Munger）對絕大多數的科技股都採取迴避政策，
原因是他們不懂高科技。事實證明，電腦、筆電、平板、手機
正快速地進化當中，一家公司的產品，隨時有可能被另一家公
司的產品所取代。

蒙格說這是「能力圈」的概念，我們要將自己的能力圈設定
得很小，所有上市櫃、興櫃公司 1,000 家、2,000 家是永遠
研究不完的，不用搞得這麼複雜，不懂的就是不懂。就像有些
人不會溜冰，絕對不該穿著溜冰鞋到溜冰場搏命演出；他可能
是籃球高手，他應該在籃球場上揮汗才對，不要在溜冰場賴

著不走。高中二年級要選擇分組,理科好當然選擇念理工組、文科好的人留在文組,將來的發展一定比較好。蒙格說,「如果一個人知道自己會死在什麼地方,那就一輩子不要去這個地方。」所以你一定得了解自己不懂什麼,不懂的東西千萬不能碰。

但很多投資人卻不是這樣,他並不知道自己不了解宏達電(2498)、不了解益通(3452)、不了解禾伸堂(3026),用千元股價買進這樣的股票,實在不是好主意。

選股就像選球,沒通過好球帶的球就不要出棒

如果中華職棒中信兄弟的三棒打者——亞洲選球王周思齊、不動四棒——彭政閔有投資股票的話,用選球的耐心來選股,那麼他們一定是高手。他們選球能力精準,設定好球帶,沒通過好球帶的球就不要出棒,對於不懂的股票絕對不要亂買。

一家好公司,營運狀況最好不要有太多不確定因素,如果因為競爭激烈而失去訂單,而競爭對手在哪裡你都不知道,或總是受到匯率、油價而影響大部分獲利,這就不是我喜歡的。

因為這當中每一項因素的背後，又被更多的因素影響著；當 7-ELEVEN 從 1,000 家開到 2,000 家，店數和人潮永遠多過其他超商的時候，何必要等外資法人來調高評等呢？

有時候股票會隨著大盤和各種因素下跌，但是，今天假設中華電（2412）、宏達電、塑化類股都下跌 20%，你問我可不可以買進？我會這樣分析給你聽：

宏達電和塑化股下跌的因素，你很難搞清楚。如宏達電手機在外國賣得好不好，你不知道，競爭對手多強你也無法掌握。

塑化類股則是受到國際原油價格影響甚鉅，或許可以聽聽財經專家分析油價走勢，但是原油價格走勢本來就是個不確定因素，還摻雜著國際政治的角力。所以，我不知道可不可以買塑化股，也不知道可不可以買宏達電。但是我知道你還是會用手機上網、你每天都會傳 Line、會上臉書打卡，所以中華電就會被我列為存股標的。

有個朋友看我對投資有一點研究，問我有關房地產或投資黃金的問題，我說我不懂房地產，而且巴菲特不買黃金。還記得

荷蘭鬱金香泡沫的故事嗎？巴菲特不會買沒有生產力的黃金，然後期待另一個人用更高的價錢將他的黃金買走。接著那位朋友就說：「你不一定要聽巴菲特的呀！你還是可以研究黃金走勢呀！」而小弟我自認無此能力。

避免重壓單一產業，控制整體系統性風險

有了如何選股的基本概念之後，接下來就是建立一個投資組合。你所買的一籃子股票中，其中若有 1、2 檔股票因為某些原因重挫，且持股占整體組合的比重太高，恐怕會影響到你的判斷。

人在有壓力的時候，智商是會降低的，每一檔股票最好能調整到一個適當的比率。就像食物鏈構成食物網一樣，具有生物多樣性的生態系，一定比較健康；單調的食物鏈，會因為少數物種的巨幅變化，最終有可能導致整個生態系的滅亡。

如果組合中股票種類很少，可能會因為當年度某個公司產品衰退、獲利下滑，導致股息減少，所造成的心理負擔，不見得每個存股者都能承受。到底要調整各產業到多少比率最適合

呢？也沒有一定的標準，像我目前股票市值超過 3,500 萬元（截至 2018 年 10 月底），我的持股中涵蓋了電信、環保、食品、零售、幼教、保全等 6 種類型的股票。

如前所述，生態系中的物種多，就愈具彈性和恢復力，足以應付環境的變化。長期投資者投資的是公司，若適當地分配在各產業中，可以避免某單一產業因某些因素造成當年度獲利減少、或股價下跌而受到衝擊。

比如說，大統益的獲利大致和國際黃豆價格呈現正相關，黃豆價格上漲，大統益生產的沙拉油價格就能調漲；反之則調降。生產中華豆腐的中華食則相反，常因國際黃豆價格上漲，使成本增加，造成獲利減少，因此大統益和中華食就有互補的概念。

投資股票心態很重要，有時候心理因素反而比高學識和高智商都來得關鍵，像我這個工程碩士，投資績效可能比許多博士都還要好呢！14 年下來（2005 年～ 2018 年），我光是股息再投入存股的金額就超過 1,000 萬元，換句話說，這1,000 萬元的股票都是那一部「不斷電製造現金流機器」送

圖1 靠股息滋養「不斷電製造現金流機器」

整理：華　倫

我的（詳見圖1），隨著這部機器的能量愈來愈大，製造出來的現金愈來愈多，而現金又來滋養機器，機器又更茁壯，如此循環不已，達到錢滾錢的境地。

蒙格曾經表示，人的一生中只要擁有3檔最好的股票就足以致富。為了讓讀者更能貼近我的想法，以下我會列出哪些公司是我「有感覺」的、是存在於我身邊、簡單易懂的、我看得到、摸得到的。

事實上，對於報章媒體所介紹或推薦的股票，我絕大多數都直接跳過，我自認無法理解絕大多數的上市櫃公司。再次提

醒，要先了解自己不知道什麼，這點很重要，投資一家「有感覺」的公司，真的會讓人「發財」。

關於哪些股票適合存股？哪些股票不適合存股？還有這些個股的基本面，我將在本書第5篇說明。

4-2

紀律＋耐心
依循3指標買賣

　　學會如何找對值得長期持有的好公司、注意到風險之後，接下來，就要研究買進存股和賣出股票的時機。先將自己喜歡的股票列成清單，然後等待買點的出現，此時需要的是紀律加上耐心。

　　存股並不真的是「隨便買，不要賣」，有時候股票會被追逐到不可思議的高價；要是在太過昂貴的價格買進，公司獲利卻沒有成長，股東所領到的股息也很微薄，那還不如存銀行定存比較實際。而當公司獲利面臨瓶頸而明顯衰退，也要考慮在適當時機賣出。以下來看看我的買股、賣股指標：

買股指標》殖利率逾4.5%就買進

　　目前銀行 1 年期定存利率不到 1.5%，若我們能找到一檔股息殖利率 5%、稅後盈餘每年成長 5% 的公司就相當不錯了。

長期來看，平均每年股價上漲 5%，領到股息之後再滾入買股，這樣 5% ＋ 5% ＝ 10%，1 年股票資產就可以成長 10%；如果選到殖利率 6%、稅後盈餘每年成長 6% 的股票，每年資產就可以成長 12%，以此類推。

如果盈餘沒有年年成長，至少也要維持穩定，不要暴起暴落。在穩定的獲利基礎下，基本上我只要到了殖利率 4.5% 時就會買進，要是股價下跌就再往下買。

好公司眾所周知，所以有時候股價難免偏高。如果股價偏高且持續上漲，殖利率低於 4.5%，就轉移目標，改買名單中其他股票。名單當中可能同時有 5 檔、8 檔股票，只要殖利率符合設定的標準，就考慮買進。

可別看到「股息殖利率」這幾個字就害怕，其實這只是簡單的算術。例如打算買 1 張中華電（2412）的股票，2015 年可領到每股配息 4.86 元，如果在 2015 年 7 月 16 日配息之前，用股價 98 元買進，那麼股息殖利率就是 4.96%。如果股價漲到 108 元以上，股息殖利率就會降到 4.5% 以下，對我來說就太貴了，寧可轉移目標到其他股票。

股息殖利率算法：

> **股息／買進股價 ×100%**
>
> 例如：股息 4.86 元，買進股價 98 元
> 股息殖利率＝ 4.86 元／ 98 元 ×100% = 4.96%

　　要切記，如果你不滿意現在的股價，大可以不去理會它。就像是有些人想買衣服或是女生想買保養品的時候，也喜歡等到打折的時候才買；同樣的道理，股票市場不是只有開一天，每個交易日都會有新的價錢，等到價錢進入你的好球帶，滿意了再出手。

　　投資組合中的股票比重也可以平均分散，比如說 A 股票比較多張，我下個月就買 B 股票，或者買進上個月跌最多或漲最少的股票，不用管市場的消息。

　　因為你的股票都是日常生活型的好股票，公司營運好不好，你都看得到。就算碰到下跌也沒關係，你下個月還是會領薪水、還是會有結餘，即便是 8,000 元、1 萬元，都可以用零股方式買進，積少成多。

賣股指標1》**獲利較去年同期衰退持續2到3季**

每天早上看報紙、電視、聽廣播,都有專家學者分享操作策略,並且預測大盤指數位置、高低點區間等。其實投資人心裡有數,因為預測的正確與否,當天收盤時就可以馬上得到答案。根據我的統計,這種預測的正確率不過 50%,和你自己丟銅板沒什麼不同,擲出正、反面的機率也各是 50%。

我相信這些專家的預測自有其專業考量,但是在股票市場中,你還是要有主見、要有堅持,長期還是會賺錢的。就怕每天隨波逐流,有好消息就在高價位搶買,壞消息就在低價位脫手,連股息都還沒賺到就先賠錢了。

巴菲特(Warren Buffett)奉行長期持有優秀股票,但還是會有失手的時候,例如康菲石油(ConocoPhillips)、通用汽車(General Motors)、特易購(Tesco)……等,2014 年波克夏(Berkshire Hathaway)認賠賣掉了英國零售商特易購的所有股票,原因是特易購利潤率下滑,財務發生問題。

重點來了,我們要何時賣出持股呢?會被我們選中的股票,

基本上都是不確定因素非常少,而且幾近壟斷、寡占的民生消費型公司,因此我們要做的就是,追蹤公司每一季的財報,看看獲利有沒有成長(跟去年同期相比);如果有,就不用管它,繼續持有就對了。

注意!我說的是公司「獲利」有沒有成長,而不是「股價」有沒有成長;反之,當公司的獲利和去年同期相比,持續 2 到 3 季出現明顯下滑,此時我就會出脫持股,因為公司極有可能遇上了麻煩。

年衰退5%以上要當心,持續觀察後市

怎樣算是「獲利明顯下滑」?年衰退 5% 以上就要注意,再來還要繼續看下一季的獲利表現:

狀況 1》如果下一季仍衰退,但衰退幅度縮小就沒問題。

狀況 2》如果下一季年衰退持續擴大,就要有賣出的準備。我最怕的是衰退幅度愈來愈大,從 5% 變成 10%、15%,那就不用考慮了,勢必要直接賣出。我看的是趨勢,趨勢不對一定要閃人,可參考我買賣佳格(1227)、王品(2727)的

實例操作（詳見 4-3）。

賣股指標2》**重要轉投資獲利表現轉差**

另外，公司多多少少會轉投資子公司、孫公司，對母公司貢獻度高的子公司，我也會每季觀察並記錄它們是獲利還是虧損？若是長年穩定獲利，自然是加分。

例如統一超（2912），除本業獲利穩定之外，旗下眾多轉投資子公司都是金雞母，包括統一星巴克（2018 年更名為悠遊生活事業公司）、藥妝店康是美（統一生活事業）、黑貓宅急便（統一速達）、紅遍兩岸三地和新加坡的「我的美麗日記」面膜（統一藥品）、電子票證 icash（愛金卡公司）、網路書店博客來、在菲律賓市占第 1 的菲律賓 7-ELEVEN⋯⋯等。雖然單一公司對統一超貢獻度看起來不明顯，但眾多子公司加起來的貢獻，再配合每個子公司的高成長性，對統一超就有加分的效果。

再舉另一個反例，要是轉投資事業持續虧損，或營運惡化，衝擊母公司獲利，我也會評估其影響程度。當獲利成長幅度逐

季減少,例如 15% 縮減到 10% 再到 4%,這就非同小可,極有可能公司碰到了無法解決的難題。

例如潤泰全(2915)為一控股公司,紡織本業長年虧損(本業獲利可觀察財報當中的「營業利益」),早年的獲利主要來自轉投資高鑫零售(06808.HK)的貢獻。高鑫零售即為中國大潤發,2008 年、2009 年,潤泰全因為認列高鑫的獲利才有盈餘(詳見表 1),因此市場多把潤泰全與中國大潤發畫上等號;此外,與潤泰全並列為潤泰雙雄的潤泰新(9945)也是高鑫的重要股東。

2011 年,潤泰集團和寶成(9904)合資潤成控股公司買下南山人壽,南山人壽近年來獲利也大幅增加,但為彌補 AIG 時代的虧損,所以無法發出股息,南山人壽在未上市股價始終在 23 元左右徘徊,因此我評價潤泰全主要還是以高鑫零售為主。觀察高鑫零售的財報,2013 年前 3 季都維持不錯的成長,同年第 4 季一度出現負成長,但到了 2014 年第 1 季又回到正成長。

沒想到,2014 年第 2 季高鑫零售的獲利成長率大幅趨緩,

表1 高鑫零售為潤泰全的重要獲利來源

——潤泰全稅後淨利與認列高鑫零售、南山人壽轉投資損益

年份	營業利益（億元）	稅後淨利（億元）	認列高鑫零售獲利		認列南山人壽獲利	
			金額（億元）	比率（%）	金額（億元）	比率（%）
2007	-2.84	10.31	4.11	39.86	−	−
2008	-2.20	3.35	6.16	183.88	−	−
2009	-2.89	4.50	7.59	168.67	−	−
2010	0.23	10.85	9.33	85.99	−	−
2011	1.10	24.25	11.16	46.02	9.26	38.19
2012	-6.53	34.23	12.21	35.67	18.64	54.46
2013	-11.42	435.87	346.96	79.60	33.64	7.72
2014	-8.58	71.13	15.35	21.58	41.13	57.82

註：2013 年因應 IFRS 國際會計準則新制，潤泰全因改變衡量基礎，導致淨利出現異常暴增
資料來源：公開資訊觀測站　　整理：華　倫

已經無法跟 2013 年同日而語。我就是在 2014 年底出清潤泰全和潤泰新持股，這次並沒有造成重大虧損，大概損益兩平。之後繼續觀察，高鑫零售到了 2014 年第 4 季至 2015 年第 2 季，獲利甚至發生衰退，且衰退持續擴大（詳見表 2），因此潤泰全、潤泰新的股價也像溜滑梯一樣一路向下破底（詳見圖 1）。2017 年 11 月 20 日，潤泰全宣布將旗下轉投資「高鑫零售」股權售予阿里巴巴。截至 2018 年 6 月 30 日，

表2 2014年Q2起高鑫零售獲利大幅趨緩
——高鑫零售稅後淨利與年成長率

季度	稅後淨利（人民幣億元）	年成長率（%）
2013年Q1	10.63	15.67
2013年Q2	5.13	15.28
2013年Q3	6.03	71.79
2013年Q4	5.96	-26.33
2014年Q1	11.79	10.91
2014年Q2	5.31	3.51
2014年Q3	6.31	4.64
2014年Q4	5.67	-4.87
2015年Q1	10.65	-9.67
2015年Q2	4.11	-22.60

資料來源：高鑫零售有限公司　整理：華　倫

高鑫零售最大股東為吉鑫控股公司（持股 51%），其次為阿里巴巴旗下的淘寶中國（持股 20.98%）。

此外，近幾年跟股利有關的政策，也讓許多存股族連連搖頭。政府於 2013 年，針對單筆股利收入超過 5,000 元，課以 2% 二代健保補充保費；2016 年股利超過 2 萬元，課以 1.91% 二代健保補充保費。2015 年實施股票可扣抵稅率減

半,將在 2016 年申報綜所稅時適用;2018 年稅改取消兩稅合一,改採股利所得二擇一,2019 年申報所得稅時適用。

守穩存股紀律,別為節稅而棄權息

凡此種種,對於長期投資者、存股者、靠股息維生者,確實是一筆不小的負擔;有些投資人就會猜測,股票除權息前會有棄權息賣壓,所以是不是應該在除權息前先調節持股,待除完權息之後再買回來?

對此,我的看法還是一樣──不要管它,因為股價永遠都會變動,沒有人抓得準股價。也不要把你輕易養成的存股習慣打亂,應該繼續堅持有紀律的存股。根據我在 2015 年的觀察,其實股票在除權息前,股價並沒有明顯的波動;有些基本面強勁的股票,甚至還有小幅的除息行情,股價還上漲。如果真的有好公司在除權息前大跌,此時要做的就是撿便宜,大膽買進參加除息。

稅改基本上是抓中、放大、放小的概念,稅改為了讓稅損最小,股息多的高所得族群可以選擇股利分離課稅 28%;若是小資族,年領股利不到 94 萬元,綜合所得稅稅率只有 5% 或

圖1 轉投資拖累，潤泰全、潤泰新股價破底

——潤泰全（2915）股價走勢圖

——潤泰新（9945）股價走勢圖

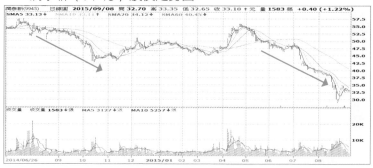

註：資料統計至 2015.09.08　　資料來源：XQ 全球贏家　　整理：華　倫

12%，若參加股票除權息，還可以享有 8.5% 的可扣抵稅率，所以說，稅制對於大多數人是有利的。比較不利的大概就是像

我這樣股利 100 萬元到 200 萬元之間的投資人吧！

然而在可以預見的未來，有紀律的存股者，隨著股票資產愈來愈多，可領的股息也愈來愈豐厚；若將股息再滾入存股，又可領到更多的股息……到時候你或許可以選擇捐款，一方面可以幫助弱勢族群，一方面也能抵稅。

反正就是兩條路，看要把錢捐給誰，是捐給政府還是捐給社福團體。不過，當你存股的被動收入達到要擔心繳稅的這等境界時，其實也不用想這麼多；因為此時幾乎是達成財富自由、成為許多人羨慕的對象了。

4-3

緊盯獲利而非股價
獲利惡化跑為上策

　　我們喜歡的是持續穩健成長的公司，當這種公司股價下跌時為買點；但是當公司獲利下滑、不確定因素增加時，股價下跌千萬不能攤平，此時要做的應該是賣掉股票，即便是目前帳面上還處於虧損。

　　以下我將分享買賣佳格（1227）與王品（2727）的實際經歷：

佳格》股價仍高檔，獲利明顯衰退就出場

　　2008 年金融海嘯時，佳格最低跌到不可思議的 14.7 元，佳格公司在台灣的生產線都是大家耳熟能詳、生活必需的產品，從桂格大燕麥片、桂格奶粉、桂格養氣人參，到得意的一天葵花油、橄欖油、天地合補四物飲、福樂鮮奶、優酪乳……等，且皆屬重複型消費的產品。

2008年～2010年間，以18元～60元持續買進

當年（2008年）佳格每股稅後盈餘（EPS）2.21元，配1.4元，以14.7元的價錢買進，殖利率是9.5%；我從18元以下就開始買進了，後來反彈至20幾、30幾元，事實上，我到30元都還在加碼。錢夠就買1整張，不夠就是零股慢慢買。

這就是重點所在了，一般投資人做價差交易者，15元以下買進，可能20元不到就賣掉了（我有好多朋友就是如此），但事實上以公司當時的獲利與配息，就算以30元的價位買進，股息殖利率都還有4.67%，所以那時應該是要買進，而不是要賣出。

後來隨著佳格獲利往上攀升，配息也隨之提高，當然股價也跟著上漲。在2010年，股價已經攀上60元大關，即便如此，我還是繼續買進，平均持有成本大約26.85元。

2011年Q4～2012年Q2，單季獲利與去年相比衰退

到了2011年7月，佳格股價最高攀上141.5元歷史天價，然而，雖然股價創新高，但是佳格的獲利表現卻開始讓我感到疑慮。

表1 2011年Q4起，佳格稅後淨利衰退

——2010年～2012年佳格（1227）單季稅後淨利

時間	稅後淨利（億元）	時間	稅後淨利（億元）	時間	稅後淨利（億元）
2010年 Q1	6.28	2011年 Q1	8.65	2012年 Q1	**6.21** 年衰退約28%
2010年 Q2	4.67	2011年 Q2	4.73	2012年 Q2	3.85
2010年 Q3	4.44	2011年 Q3	5.81	2012年 Q3	5.87
2010年 Q4	5.92	2011年 Q4	**5.39** 年衰退約9%	2012年 Q4	6.46

資料來源：XQ全球贏家　整理：華　倫

首先，是上海佳格（佳格的中國子公司之一），獲利從 2011 年中開始變得不穩定，時而虧損，時而賺錢。另外，佳格本身則是在 2011 年第 4 季、2012 年第 1 季，連續兩季出現稅後淨利年衰退（與前一年的同季相比，詳見表 1），於是我在 2012 年 4 月以 100 元左右，出清所有佳格持股（詳見圖 1）。

往後幾季，佳格在中國的獲利變得極不穩定，有些季度甚至

還發生虧損。因為我無法親眼目睹佳格在中國的銷售情況,心中充滿了不確定;對我來説,只要自己不確定,就會避免持有這家公司的股票。

王品》抱持高期待以高價買進,結果認賠殺出

另一個例子是王品。過去幾年,我們可看到媒體報導,王品集團長年位居社會新鮮人最想進入任職的公司第1名。旗下餐飲品牌眾多,從高價位、中價位到低價位的都有,每次要到王品集團用餐,都要提早好幾個禮拜訂位才得其門而入。再加上當時王品在中國的兩個品牌──王品牛排和西堤的營收,YOY成長率(當月與去年同期相比)動輒50%以上,我看機不可失,心想王品有沒有可能成為麥當勞?

2012年看好高成長,殖利率低於4.5%仍買進

於是我在2012年以股價400元左右買進王品,當年度王品配息13.67元、配股1元,換算股息殖利率只有3.4%(13.67元/400元×100%),經過一次除權息,成本變成351元,算法為(400元-13.67元)/1.1。我當時的想法是,若按照當時的成長率來算,該年度的EPS有可能上看18

圖1 股價高檔但獲利衰退，先出清持股
——佳格（1227）股價走勢圖

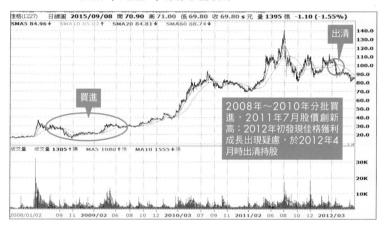

買進

出清

2008年～2010年分批買
進，2011年7月股價創新
高；2012年初發現佳格獲利
成長出現疑慮，於2012年4
月時出清持股

註：資料統計至2015.09.08　資料來源：XQ全球贏家　整理：華　倫

元，要是下個年度配息有17元，我的殖利率應該就有4.8%
（17元／351元×100%）。

　　之後王品在兩岸的成長率依舊驚人，我也持續買進王品股
票，到450元都還在買，王品股價最高在2013年10月漲到
近500元大關。接下來，王品的成長力道減緩，新事業持續
虧損；再搭配我自己的觀察，到王品集團旗下餐廳用餐時，排

隊人潮已不若以往，2014年發生的食安風暴更是雪上加霜。

2014年發現季獲利持續年衰退，停損出清

2014年4月，王品第1季財報出爐，稅後淨利已經連續3季呈現年衰退（連續2季出現年衰退就要注意了），當時我和王品公關部呂經理往返了好幾次Email，得到的答覆是，台中新的切菜工廠良率無法提升，導致認列鉅額虧損。同年8月時，陸續發布7月營收與第2季財報，我觀察到2個重點：

重點1》2014年7月營收15億元，但同年2月也是15億元；這段期間多開了30家店，營收卻無成長，且人事多了快500人，其他子公司也有營收下降問題。

重點2》2014年第2季財報顯示稅後淨利仍呈現年衰退，已經是連續4季年衰退了，而且衰退比率明顯擴大（詳見圖2）。儘管公司說台中切菜工廠的良率有提升，然而獲利縮減已是事實。

因此，2014年8月王品發布第2季財報後，我就在股價410元左右將王品全部停損賣出，總計大約虧損了70萬元

圖2 王品連續4季單季稅後淨利年衰退
——王品（2727）單季稅後淨利

2013年第3季到2014年第2季，王品單季稅後淨利與去年同期比較，衰退比率分別為-15.1%、-33.6%、-6.3%、-24%

單位：新台幣億元

2012.Q1 Q2　Q3　Q4 '13.Q1 Q2　Q3　Q4 '14.Q1 Q2　Q3　Q4 '15.Q1 Q2

註：資料統計自 2012.Q1～2015.Q2　　資料來源：XQ 全球贏家　　整理：華 倫

（詳見圖3）。

投資王品失利，檢討3原因

我常勉勵學生的一句話：同樣的錯誤不要犯兩次，投資王品失利後，我做出幾項檢討：

1.未符合寡占條件，地位易動搖：雖然餐廳是屬於重複消費的生活型公司，而且王品是全台灣最大的餐飲集團，市占率

約3.5%;意思就是說,國人在外用餐的消費中,每100元有3.5元是在王品集團消費的。

但事後仔細想想,3.5%這個市占率根本就是微不足道,這個數字代表著王品的地盤隨時有可能被別人侵入,畢竟它還是一家新公司,還沒有建立起穩固的護城河。這次我也學到了「市占率」的重要性,一家公司至少要在該產業達到35%以上的市占率,才表示它的優勢勝過競爭對手,也才符合我選股時的「寡占」條件。

2.買進價格與期待太高,持續加碼虧更大:永遠不要存在著過度幻想,如果抱著「賭博」的心態,那是不對的。十賭九輸,我第1次買進王品的價錢還是太高,當時的殖利率僅有3.4%,雖然營收不斷成長,但那是快速展店的結果;相對地,公司成本也持續在增加,因此未來獲利如何還在未定之天。我在公司還沒公布確實的獲利數字時,就不斷向上加碼,是我虧損擴大的原因。

3.忽略「獲利成長趕不上股價上漲」:穩中求勝,其實慢慢來真的比較快,不要妄想一家公司長期都會有每年50%以

圖3 2014年王品獲利連續負成長，股價走下坡
──王品（2727）股價走勢圖

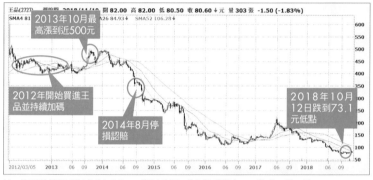

註：資料統計至2018.11.19　　資料來源：XQ 全球贏家　　整理：華 倫

上的成長；當你買進這樣的股票的時候，就已經身陷險境。

這麼高的成長率，意味著它的本益比一定相對高，相對地，殖利率一定比較低。當公司成長幅度不如預期，甚至衰退的時候，股價將會面臨嚴厲的修正，2015年8月下旬股災，王品的股價最低下探到154元，到了2018年10月12日更是跌到73.1元低點，由此可知停損的重要。

人就是這樣，常常把目光焦點放在鎂光燈下的明星，每一個

時代都會有很多題材，造就了許多熱門股，這些股票的本益比高得嚇人。記住，請遠離它，不要跟著瞎攪和！

有一天，你會發現，最穩健的公司，反而是大家不會去討論、登不上媒體版面的冷門股，它不會在短期之內就大漲，股價可能一年只漲個5％、8％，但因為獲利穩定、沒有爆發性，反而是存股者的好選擇。歐洲股神科斯托蘭尼（André Kostolany）說，「耐心是投資市場最重要的東西，誰缺乏耐心，就不要靠近市場。」

別迷信高配股公司
獲利有成長才是關鍵

上市櫃公司經過了一整年的努力，在每年年初的董事會中，除了要確認前一年的財報之外，另一個重頭戲就是宣布股利配發政策。

股利分為兩種：現金股利、股票股利。配發現金股利又叫做配息，長年追蹤好公司的配息率，如果配息率高，通常代表公司的現金足夠；如果殖利率又在 4.5% 以上，一定會優先列入我買進的名單之中。

配息》民生定存股，配息率普遍較高

一家公司的配息占公司獲利的百分比，稱為「配息率」或「現金股利發放率」；配息率愈高，代表公司獲利當中，有大部分都發給股東。若是配息率超過 100%，代表配給股東的錢比當年度的獲利還要多，真的是「揪甘心」。

在我選股圈內的電信三雄,2009 年～ 2014 年配息率都在 90% 以上,甚至超過 100%;保全龍頭中保(9917),這 6 年也有平均 82% 的配息率(詳見表 1)。它們是具有寡占特質,且穩健經營的民生行業,每年收取充沛的現金,獲利多能留下來發給股東,因此配息率相當高。

而科技股的資本支出比較高,每年賺的錢多要留下來開發新技術、購買新設備等,因此配息率普遍較低。電子代工龍頭鴻海(2317)、晶圓代工龍頭台積電(2330)、股王大立光(3008)這 3 檔科技股已經是台股中最優秀的公司了,在

表1 與電信、保全業相較,科技股配息率偏低

股利所屬年度	鴻海(2317)	台積電(2330)	大立光(3008)
2009年	22.62	86.95	53.71
2010年	12.48	48.07	44.78
2011年	19.61	57.91	43.86
2012年	18.68	46.79	40.89
2013年	22.06	41.32	39.78
2014年	42.94	44.20	35.19

註:四捨五入至小數點後 2 位 資料來源:XQ 全球贏家 整理:華 倫

全世界占據重要地位；真難以想像，如果這 3 家公司在同一天罷工，整個地球會不會癱瘓？當它們一直處在成長的態勢，股價就會不斷創高，但對於喜歡領股息的投資人來說，不見得是最佳選擇。附帶提醒一點，如果你長期持有的不是這 3 家公司，而是其他科技股呢？有可能領的股息少，股價還跌，那就更慘了。有些公司因為產業面臨衰退，還有可能借錢來發股息，投資這類股票也十分危險。

挑對穩定成長公司，才能坐享收益

有朋友問到，為什麼除息當天股價會「跌」呢？其實不是跌，

——7家公司2009年～2014年配息率　　　　　　單位：%

中華電（2412）	台灣大（3045）	遠傳（4904）	中保（9917）
90.02	107.89	98.94	89.29
112.51	90.08	91.91	79.08
90.41	109.79	109.89	82.29
104.09	100.73	107.69	78.52
88.38	96.72	103.31	78.13
97.52	100.72	106.53	86.58

每一天開盤時，每檔股票都會以前一個交易日的收盤價（即為平盤價）當作參考價。當天進行除息交易的股票，開盤時的參考價就會以前一天的收盤價減去配息，例如 2015 年台積電在 6 月 29 日除息 4.5 元，前一個交易日 6 月 26 日的收盤價是 146 元，所以 146 元 − 4.5 元為 141.5 元，就是台積電在 6 月 29 日的平盤參考價。

除息當天，台積電收盤價是 138.5 元，跟前一天收盤 146 元相比，138.5 元少了 7.5 元，但系統顯示為下跌 3 元，為什麼股價憑空蒸發了 4.5 元呢？因為這每股 4.5 元已經配發給投資人了，因此股價也要少 4.5 元。

若不考慮其他因素，假設台積電在 2015 年公司的獲利和 2014 年相同，沒有成長或衰退，2016 年配的息也一樣是 4.5 元，那麼經過台積電公司一整年的努力，在 2016 年把消失不見的 4.5 元股價漲回去，就叫做「填息」，到了 2016 年你又能配到每股 4.5 元股息。

如果公司營運衰退，股價在除息之後反而一直低於 141.5 元，則叫做「貼息」，代表你當初領的股息，不夠你虧掉的股

價。由此可知，公司獲利的穩定甚至成長，對於股價與投資人的總獲利（股息＋價差）有多麼重要。

再舉個例子，你今天存 100 元在銀行，1 年利率 1%，1 年後你把利息 1 元領出來，你的定存單價值還是只有 100 元，因為是「本利和 101 元－利息 1 元」。過了 1 年之後定存單價值又會變成 101 元，這也叫做另類的填息。

2015 年 8 月有個新聞，有人建議金管會，「當公司配息時，股價不要進行除息交易」，意思是說配息當天的參考價，不要扣掉息值。其實這是沒有意義的，因為今天你以收盤價 100 元買進 1 張股票，明天配息 5 元，就算開盤參考價不要扣掉 5 元，第 2 天開盤你會不會想用 100 元的股價去買這檔股票？答案是不會，因為配息日當天買進，已經領不到 5 元的配息了，你可能會想用 95 元買進這檔股票，所以就算除息日當天的平盤價是 100 元，搞不好開盤以下跌 5 元的 95 元開出，這還不是跟平盤參考價是 95 元一樣的意思。

所以問題不是要不要進行除息交易，重點還是在「選股」。假設我們投資的是壟斷、寡占、產品持久不變，而且是重複消

費的生活型公司，公司可能因為通膨，將產品定價調高；或者因為公司本身擴大市占率，使得公司獲利不斷向上提升、公司的價值不斷增長，進而使得配息不斷增加，自然也能讓股價往上走高。

配股》**選到超級成長股，股本膨脹才有意義**

而配發股票股利則稱為「配股」，也就是公司將部分獲利以股票的形式發給股東（即盈餘轉增資）。假設今天甲、乙、丙、丁、戊 5 人各出 1 萬元開一家火鍋店，火鍋店資本額是 5 萬元，共發行 5 張股票（5,000 股），由每個人持有 1 張（1,000股），即每個人都持有 20% 股權。

這間店經營 1 年之後，淨賺 1 萬元，如果火鍋店沒有要更新設備，或新展店增加成本，那麼這 1 萬元可以當作現金股利，全部發放給每位股東，即每個人可以分到 2,000 元（1萬元 ×20%）。

但是如果火鍋店需要買新設備，約要價 1 萬元。經由 5 人決定，因為店裡需要現金，上年度的 1 萬元淨利，就不要發

放為現金股利，而是改成配股。股票面額訂為每股 10 元，公司共發出 1,000 股的股票股利，這樣每人可分到 200 股。

於是公司資本額提高到 6 萬元，共發行了 6 張股票（6,000 股），甲、乙、丙、丁、戊每人持有的 1.2 張股票（1,200 股），也相當於個別持有全公司 20% 的股權。各位有沒有發現？就算持股增加了，每位股東還是只擁有火鍋店的 20% 股權，若火鍋店來年又賺了 1 萬元，你還是只能分到 2,000 元（1 萬元 ×20%）。在此情況下，由於獲利相同，但是因為股本膨脹，所以每股稅後盈餘（EPS）減少，除非公司下一年度獲利提升，每位股東所能分配到的股利才會隨之增加。

配股時，股票會進行「除權」交易，與除息概念相同，會在除權當天，把配給投資人的股利去除（計算方式詳見 P.193）。

台灣的配股，在國外叫做股票分割，假設股票分割後的公司基本面完全不變，公司沒有現金會減少，也不會增加價值。投資人看到股票增加了，好像很高興，打算把配出來的股票賣掉，就是多賺的。事實上，若公司不繼續成長，獲利不提升，那麼股價恐怕漲不回除權前的價位，你所擁有的股票市值不會

改變、甚至縮水。同時因為台灣稅制的關係,還可能被多課綜所稅以及 1.91% 二代健保補充保費。若是把配出的股票賣掉,你對公司的持股比率減少了,來年假設公司還是賺一樣多的錢,你所能分配到的金額就減少了。

我一向不喜歡高配股的公司,配股會造成股本膨脹,假使公司獲利未能同步成長,每股盈餘(EPS)就會減少,連帶影響股價下跌。除非公司有驚人的成長爆發力,來年的 EPS 持平甚至提升,股票才有人承接,把減少的股價補回來,這叫做「填權」。

不過話又說回來了,公司有驚人的成長,也不一定要靠配股。例如統一超(2912)、台積電、大立光近年來也都只配現金、不配股票,但即便如此,也無損這些公司長期的成長態勢。

獲利沒成長卻配股,對股東沒好處

獲利未成長的公司,配股後唯一的改變,就是股價上的改變。例如遊戲股傳奇(4994),2012 年配股 10 元(另配息 1.5 元),相當於 1 股配 1 股再加 1,500 元的股息(暫

除權息當天開盤參考價計算方法

僅配發現金股利：
除息當天開盤參考價＝前一日收盤價－現金股利

僅配發股票股利：
除權當天開盤參考價＝前一日收盤價／（1＋配股率）
配股率＝股票股利／面額×100%

同時配發現金股利、股票股利：
除權息當天開盤參考價＝（前一日收盤價－現金股利）／（1＋配股率）

舉例》假設1檔股票配股0.5元，除權前一日收盤價60元，面額10元：
配股率＝0.5元／10元×100%＝5%
除權開盤參考價＝60元／（1＋5%）＝60元／1.05＝57.1元

不考慮相關稅費）。

你如果本來有1張傳奇股票，除權之後會變成2張，2012
年7月25日傳奇的收盤價是397元，7月26日除權息，
在公司的價值（市值）不變的情況下，當天開盤的參考價是
197.75元〔＝（397元－1.5元）／（1＋100%）〕。

意思就是說，當天股價減少了每股1.5元的價值，但配股

對於公司價值不變，所以你雖然多了 1 張股票，但是股價是要砍對半的，你對公司的持股比率完全相同。

有人說，高配股股票，成長力道較強，前提是你得選到超級成長股才行。2011 年～ 2014 年傳奇每股稅後盈餘（EPS）分別是 14.43 元、4.55 元、4.25 元、3.98 元。果然因股本膨脹，但獲利能力無法對等提升，造成 EPS 被稀釋。

仔細看看整體獲利金額，2011 年到 2014 年的稅後淨利

表2 傳奇獲利未明顯提升卻配發股票股利

年度	股本 （億元）	營業收入 （億元）	稅前淨利 （億元）
2011年	2.35	8.80	3.71
2012年	4.71	10.10	3.96
2013年	7.06	12.03	3.68
2014年	8.85	14.74	4.79
2015年	11.06	12.39	1.00
2016年	11.08	9.64	-0.90
2017年	11.06	8.61	-2.54

註：股本為加權平均股本；本表年度為股利所屬年度　　資料來源：XQ全球贏家　　整理：華　倫

分別為3億200萬元、3億2,200萬元、3億元、3億5,100萬元，配完股後，成長力道十分疲軟（詳見表2）。

若當年不要配出10元股票，每年的獲利其實沒有太大改變，股價也可能維持在較高的價格。現在股票張數多了，股價自然變低，若沒有爆發性成長，股價要填權息是難上加難；對於投資人來説，總市值還是一樣。如果再看2015年前2季的財報，獲利也呈現衰退，第2季甚至出現虧損，股價自然也不會好看（詳見圖1）。

——傳奇（4994）2011年以來經營績效表現

稅後淨利（億元）	稅前每股盈餘（元）	稅後每股盈餘（元）	現金股利（元）	股票股利（元）
3.02	17.73	14.43	1.50	10.00
3.22	5.60	4.55	1.00	5.00
3.00	5.21	4.25	1.00	2.50
3.51	5.42	3.98	1.00	2.50
0.30	0.91	0.27	0.25	0
-1.09	-0.82	-0.98	0	0
-2.83	-2.29	-2.56	0	0

成長力道強勁，不一定有高配股

2014 年 6 月 9 日，美國蘋果公司（Apple）的股票進行分割，如果你本來有 1 張蘋果股票，分割後將變成 7 張，而股價從原本的 647.5 美元變成了 92.5 美元（647.5 美元／7 張），此舉目的是為了讓蘋果股價降低，讓一般人能以較低的價格買到蘋果股票。

但是，現在 1 張的價值和分割前 1 張的價值是不一樣的；此時買進 1 張蘋果股票，相當於分割前 1/7 的價值。之後蘋果股價又飆破 130 美元，但這和股票分割沒有關係，完全是因為蘋果的基本面成長所帶動的，假設蘋果股票沒有分割的話，以現在 130 元的股價，在分割前會是 910 美元（130 美元 ×7 張）。

2015 年台灣之光股王大立光的股價約在 3,000 元上下，一張要價近 300 萬元的股票，不是一般散戶所能買得起的（如果真想投資大立光，還是可買零股，例如 3 萬元可買進 10 股，當大立光股東）。當時就有財經專家、外資法人向大立光提出建言，希望大立光可以進行股票分割，但大立光執行長林恩平即直言，「國內並沒有股票分割的相關機制及法規」。台灣僅

圖1 傳奇配發高股票股利，股價卻走弱

——傳奇（4994）股價走勢圖

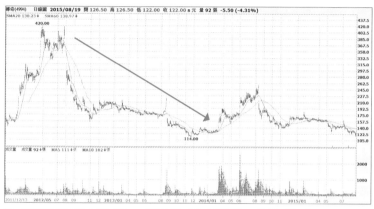

註：資料統計至 2015.08.19　　資料來源：XQ 全球贏家　　整理：華　倫

有配股的法規，如果要大立光進行大配股，一樣也可以將股價變低，但配股只會稀釋 EPS，股東拿到很多股票後還要繳一大堆的稅，有損股東權益。

　　就算大立光近 6 年完全不配股，也無損大立光公司強勁的成長動力，近 6 年完全沒有配股的台積電也是一樣。由此可知，對於股東而言，配股只是看起來股票變多了，對於公司的基本面來講，可說是沒有意義。

表3 **鍊德鮮少配息，卻配發高股票股利**
——鍊德（2349）歷年股利發放紀錄

單位：元

項目	1992年	1993年	1994年	1995年	1996年	1997年
配股	**2.00**	**1.00**	**2.50**	**2.00**	**3.00**	**5.00**
配息	0	0	0	0	0	0

項目	1998年	1999年	2000年	2001年	2002年	2003年
配股	**5.00**	**6.50**	**3.00**	**2.50**	0	0.26
配息	0	0	0.5	0.1	0	0.26

註：鍊德 2004 年至 2017 年（股利所屬年度）都沒有再配出任何股利，故未列出
資料來源：XQ 全球贏家　　整理：華　倫

常年高配股卻不配息，應保持警覺

　　再講一個極端的例子。1999 年 7 月，光碟股鍊德（2349）
的股價站上了 355 元的歷史最高點。執行長葉垂景表示，鍊
德下個年度有爭奪股王的實力。但我們來看看過去 20 幾年鍊
德的股利狀況（詳見表 3，僅列出 1992 年到 2003 年，因
為 2004 年至 2017 年都沒有再配出任何股利）。

　　多年來，鍊德鮮少配息，都是配股；多年來股本膨脹了近
15 倍。如果在 1992 年存股存到鍊德，至今都沒有賣出，1
張股票會變成近 16 張，身為公司股東，要這麼多紙張（股票）

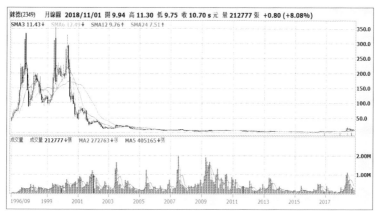

圖2 錸德股價最高達355元，最低跌到2.2元
──錸德（2349）股價走勢圖

註：統計至 2018.11.19　　資料來源：XQ 全球贏家　　整理：華　倫

做什麼？公司本身產品是被淘汰的產業、連年虧損，股價也從300多元向下崩跌，2016年5月最低跌到只剩2.2元（詳見圖2）。曾爆發掏空案的博達（已於2004.09.08下市）也是一樣。當年公司做假帳，讓財報獲利數字驚人，股價炒得老高；但公司根本沒有現金，只能連年地高配股，因為印股票比較便宜（現在上市櫃公司的股票已經全面無紙化，連印股票的錢都省了）。最後公司的泡泡被戳破，其實根本就是一個空

殼子。

　　我不是說高配股的公司都是空殼子，只是要提醒讀者，一定要特別留意常年高配股的公司，注意它的現金流量有沒有問題，不要以為高配股就是成長股。

增資、減資搞清楚
別讓股東權益受損

　　上一章介紹的配股，其實就是所謂的「盈餘轉增資」，意思是公司獲利以股票形式發給股東。另外，「現金增資」、「現金減資」這兩件事也會讓公司股票的股數改變、對股本造成影響，投資人也最好花點時間加以了解。

現金增資》**向股東要錢太頻繁，要提高警覺**

　　公司讓股票公開發行進而上市、櫃有很多目的，其一是讓公司增加知名度，吸引優秀員工；另一個重要原因是能方便募集資金，不需向銀行借貸。公司掛牌上市櫃後，若資金不足，則可能辦理現金增資，印更多股票向投資人籌資。

　　公司多半會保留一定數量股份給員工認購，於是既有股東擁有公司的股份將會被稀釋，等於有更多人要來分食原有股東的權益，若是現金增資之後，公司有辦法用新資金去擴充經營規

模，繼續衝高獲利，發給股東的股利也水漲船高，那麼對於原股東或新股東都有好處。但就怕公司經營策略有問題，獲利沒有起色甚至衰退，那麼原有股東所能拿到的股利就會變少，反而吃虧。

已故的台塑（1301）集團創辦人王永慶先生腳踏實地、勤儉樸實、專注本業，堅持不投機、不炒股，不向股東要錢，當年照樣把台塑集團經營得有聲有色。就算持有台塑股票 20 年，相信也不會吃虧。

我這邊要舉另一個例子——潤泰新（9945）。從 2011 年到 2015 年，這 5 年來辦理 3 次現金增資，一共向股東募集了新台幣約 205 億元，而這 5 年來潤泰新共只配發約 158 億元的現金股利。換句話說，潤泰新發給股東的股息，其實也可以說是從股東的口袋裡掏出來的。

遇有重大投資，可容許偶爾現金增資

公司如果碰到重大的投資案，偶爾需要資金無可厚非，但頻繁到每 2 年就辦理現金增資，身為股東，絕對有理由懷疑公司團隊經營的能力、替公司創造現金的能力。而我也不喜歡常

向股東要錢的公司。

　　如果公司的競爭力夠，護城河夠深，基本上應該不缺現金。十幾年來，你看台塑、台積電（2330）、大立光（3008）等公司都沒有向股東要過1毛錢，而統一超（2912）更是從1995年的1,000家門市，到1999年的2,000家門市，再到2002年的3,000家門市、2005年的4,000家門市、至2014年已經達到5,000家門市，中間又多了幾百家的星巴克、幾百家的康是美……20多年來，更從來不曾向股東伸手要錢。這種公司本身創造現金的能力就很強，護城河夠深，讓對手難以超越，這就是我們喜歡的公司類型。

現金減資》公司無成長需求，減資提升每股盈餘

　　不同於現金增資是「公司印股票換鈔票」，現金減資則相反，是「公司回收股票發鈔票」。有些創造現金能力極強的公司，現金多到會退錢給股東，就會採取現金減資，相較於不斷向股東要錢的公司，真的是「揪甘心」。除了2015年因為政府實施富人稅、二代健保補充費、股利可扣抵稅率減半等因素，有多達18家的公司辦理現金減資之外，從2010年到

2014 年也都有 10 家左右的公司辦理現金減資。

簡單說，現金減資是公司用面額 10 元（詳見註 1）買回股東手中的股票並且註銷，現金退回給股東，在外流通的股票張數就會變少，因此大家持有的股數也會一起變少，但其實你對公司的持股比率是不變的。公司資本額變少，流通股數減少，有助於提升每股盈餘（EPS）。

實施減資當天，股價則會按比率調高。例如 A 股票辦理現金減資，每股退還 2 元股款，假設當天股價 100 元，你本來有 1 張股票（1,000 股），減資後可以拿到 2,000 元現金，但是股票會變成 800 股。

減資當天的開盤參考價算法：

（前一日收盤價－每股退還金額）／（減資後股數／原股數）

因此，A 股票減資當天的開盤參考價
＝（100 元－ 2 元）／（800 股／ 1,000 股）
＝ 98 元／ 0.8
＝ 122.5 元

依證交所公式算出開盤參考價後，可以看出，就算你的股票變少了，但是股價變高了，對股東來說還是一樣。但是有個前提，公司其他基本面條件必須保持不變，才能維持股價。

會辦理現金減資的公司，多是因為營運穩健保守，手上閒置的錢太多，因此發回給股東。這類公司的成長有限，多半沒有太多的投資或資本支出，所以錢多多，經營穩定且現金充裕，是我們投資組合中必備的個股。

像中華電（2412）、台灣大（3045）即辦理過多次現金減資回饋股東；因為過多的現金無用武之地，無法創造更高的股東權益報酬率，不如還給股東。

當大盤上漲的時候，這類股票可能不太會漲，但是遇到大盤重挫時，它們也多半能展現出相當抗跌的力道。像是 2015年 4 月到 8 月，大盤從萬點跌到 7,000 多點這一波，電信股

註 1：過去台股面額限制為每股 10 元，2014 年已解除限制；目前大多數公司仍維持 10 元面額，若面額非 10 元，則公告於公開資訊觀測站「國內公司普通股每股面額非新台幣 10 元資訊專區」與櫃買中心網站「採彈性面額上（興）櫃專區」。

仍是老神在在。

但也有一種狀況是,公司發展已經到了成熟期尾端,營運面臨衰退,現金減資之後,可能營運會持續下滑。減資時 EPS 會因此提高,但隨著基本面走弱,獲利將會逐年縮水。

由於我們當初在選股時,會挑出在該產業具有領先地位的公司,且要持續追蹤每季公司獲利,因此看到公司實施現金減資時,也要同步觀察獲利,當獲利達到「連續 2 ～ 3 季呈現年衰退」的條件就要考慮賣出。

選擇存股標的,股價不是絕對

從除權息到現金增減資,各位應該已經了解股價和股本大小存在密切關係。我們將大立光、台積電、中信金(2891)這 3 家公司,換算成相同股本,並且排除其他影響股價的因素(例如獲利能力、市場給予評價等變數),來看看它們的股價會有怎樣的變化:

如果大立光股本從 13 億元變成 130 億元,股價會從 3,500

元變成 350 元；若台積電從 2,593 億元的股本變成 130 億元，股價會從 140 元變成 2,800 元；而中信金的股本從 1,526 億元減少為 130 億元，股價會從 23 元變成 270 元，這時反而變成台積電的股價要比大立光高出很多。

我們在選擇存股標的時，其實不用考慮股價高低，因為我知道很多人只喜歡 10 元、20 元的低價股，但有些上百元的高價股符合壟斷、寡占、產品長久不變、又是持續消費的生活型公司、殖利率又在 4.5% 以上，我們還是可以買進。買不起 1 張，就買零股。用相同金額買進好公司的高價股，搞不好你擁有的公司股權比重還更高。

舉例：若以 2015 年 7 月 31 日收盤價為準，用新台幣 1 萬元買進崑鼎（6803）、台積電、鴻海（2317）、遠傳（4904）、統一（1216）、中信金、新光金（2888）等股票，買到的股數和所擁有公司股權比重各不相同（詳見表 1）。

在這些股票當中，以崑鼎的股價最高，新光金的股價最低，同樣花了新台幣 1 萬元，只能買到崑鼎 59 股，卻可以買到中信金 436 股、新光金更可以買到 1 張又 82 股（即 1,082

表1 以1萬元買進，崑鼎可取得的股權比重最高

項目	崑鼎 （6803）	新光金 （2888）	遠傳 （4904）	
股本（億元）	6.54	983.48	325.85	
股價（元）	167.00	9.24	73.90	
公司總市值（百億元）	1.09	9.09	24.08	
買到股數（股）	**59**	1,082	135	
股權比重（1／百萬）	**0.902**	0.110	0.041	

註：以2015.07.31股價、每股面額10元計算，不考慮手續費

股）。但是，不要小看崑鼎這59股，這59股占了整個崑鼎公司的百萬分之0.902的股權，而新光金的1,082股卻只占整個公司的百萬分之0.11的股權。如果要以收購整個公司的角度去想，買崑鼎股票的效果其實是最好的，原因是崑鼎的股本很小。

所以，以價值投資角度來講，真的不要用每股股價去考慮高價股還是低價股，巴菲特買富國銀行（Wells Fargo）股票不也是從每股10幾美元，到每股50幾美元都還在買。只要公司的護城河夠深，河裡的鱷魚夠凶猛，敵人無法侵略，都值得

——以新台幣1萬元買股所得股數與所占股權比重

	統一 （1216）	中信金 （2891）	鴻海 （2317）	台積電 （2330）
	546.35	1,525.73	1,514.84	2,592.97
	55.60	22.90	90.70	139.50
	30.38	34.94	137.4	361.72
	179	436	110	71
	0.033	0.028	0.007	0.002

資料來源：XQ全球贏家　　整理：華　倫

長期持有，並繼續買進。

4-6

避免斷頭難翻身
絕不借錢買股

　　我剛開始存股時，因為資金有限，一有現金就買股，但我有件事絕對不做，那就是借錢或融資。資金運用得當，儘管能以小博大，只是老話一句──存股簡單就好。若是融資買進，很可能因為一次的暴跌而被迫斷頭（詳見註1），再也沒有翻身機會，想要再重新開始是非常困難的。

就連歐洲股神也曾被融資斷頭

　　股市中唯一可以確定的事，就是「不確定」。歐洲股神科斯托蘭尼（André Kostolany）的眼光一向神準，在1950年代，科老看好具有革命性的新工業前景，他盡可能地用完所有

註1：融資買進是投資人向券商借錢買股，並以股票做擔保。融資買進後，股票市值必須維持在融資金額的130%，稱為融資維持率（融資維持率可能因主管機關公告調整而變動）。若股價下跌導致市值大跌，使得融資維持率低於規定，則投資人需補繳融資金額，繳不出錢則會強制賣出股票，即為斷頭。

的信用額度,以融資買進許多股票。當時具有崇高威望的美國總統艾森豪(Dwight David Eisenhower)忽然心臟病發,突發利空使得股市大崩盤;科斯托蘭尼的持股也都下跌超過20%,被追繳保證金,但是他的信用額度已經用完,於是被迫斷頭。

不只如此,當時市場充滿了恐慌,強大的殺盤力道又迫使更多股票遭到斷頭,多殺多,一發不可收拾。沒想到幾天後,艾森豪的健康迅速好轉,有些股票反而上漲了10倍。由於科老的股票已經被斷頭出場,後面的漲幅就不關他的事了,經過這件事情的教訓,從此他再也不使用融資槓桿買股票。

檢視資金能力,股票投資比重勿超過容忍上限

股票投資金額占個人資產的比重多少,主要看你個人的財務能力,還有這筆錢的迫切度而定。我的建議是,投資股票比重絕不要超過你能容忍的上限。如果你有5,000萬元閒置資金,投資3,000萬元的股票,即使突然發生系統性風險使股票大跌,也不影響你的生活和其他資金規畫,自然是沒問題;若只有500萬元資金,且是準備3年後要用來買房的準備

金,卻融資2,000萬元買股票,所承受的風險就非常大。

翻開台股歷史,1988年宣布隔年將復徵證所稅、1990年提高證交稅到千分之6、1995年中共試射飛彈、1999年前總統李登輝提出兩國論、2003年的SARS疫情、2008年次級房貸引起的金融海嘯,這些事件造成的系統性風險都讓台股無量崩跌,不管是好股、爛股統統跳水。如果事件發生前就用融資買股票,就算你買的是績優股,也可能大跌個25%、30%,要是口袋不夠深,就會慘遭斷頭。

投信公司發行基金時,廣告都會附註一句話:「基金投資有賺有賠,申購時應詳閱公開說明書」。明明知道風險可能發生,但市場上大多數人只有眼睛,沒有理智。科斯托蘭尼自己也承認,他早期投機股票過度舉債、融資槓桿過大,失敗的機率也比較高。

台股放寬漲跌幅,斷頭風險大增

為了和國際接軌,台股漲跌幅已於2015年6月1日擴大為10%,將來再放寬也不令人意外。甚至未來有一天,若和歐

美先進國家一樣，完全沒有漲跌幅限制，將會更可怕。

現在全世界是一個地球村，股市常常互有連動。大家可以天馬行空幻想一下，今天如果外星人摧毀美國白宮、某國發生規模9.9的大地震引發核災、德國出兵攻打希臘、烏克蘭派刺客刺殺俄羅斯總統普丁、火星呼吸道症候群在台灣發生首例、中信兄弟20連敗使黃衫軍包圍總統府和Lamigo球迷發生流血衝突……諸如此類的利空，第2天台股會有什麼反應，融資買進者會被斷頭幾次？

券商常鼓吹投資人多用以小搏大的工具，我常想，這到底是助人還是害人？使用融資買進上市公司股票僅需自備4成資金（上櫃需要自備5成資金，詳見表1），相當於10萬元的上市股票，僅需自備4萬元就可買1張，另外6萬元向券商借貸。

以融資維持率130%計算，如果跌掉22%，相當於2根跌停板左右，就會被券商追繳融資自備款，也就是先還一些錢給券商。如果繳不出錢，就會被券商無條件賣出斷頭（上櫃股票借貸5成，因此跌幅35%以上才會被斷頭），賣掉後的價金若還有剩，則會償還給投資人。

　　既然是借貸，當然要付利息。以年利率6%計，每一天需付給券商的利息是：「融資金額6萬元×年利率6%×（1／365）＝9.86元」。

　　萬一公司有突發的利空連續跌停鎖住，賣都賣不掉的時候，待其跌停打開的那一天，還是會被賣掉；賣出的價錢若不足融資金額，券商還會跟你追討。我就有朋友因為過度使用融資，不但輸了幾百萬，連當初結婚的嫁妝金飾都拿去變賣。此舉不但影響工作，就連家庭的和樂也毀之殆盡，這樣的生活，相信不是投資人所樂見的。

　　永遠要保持謙卑，因為股票市場什麼事都有可能發生。股價長期會和基本面呈現正相關，但短線可不一定。數學上，從5元到10元的算法是「5＋5」，但在股票市場，卻可能是「5－20＋25」。融資買進者，很可能會在「5－20」這段過程中滅亡，而無法參與「＋25」的噴出行情。

　　寧願不賺，也不能賠。身為長期存股者，要以時間換取獲利；就算短線出現帳上虧損，只要基本面不變，公司競爭力持續強大，等到股價回歸基本面時，仍然是贏家。

表1 融資買股，上市股票跌22%即面臨斷頭
—— 當融資維持率不足時可能面臨的結果

項目	上市股票	上櫃股票
融資自備款比率	40%	50%
融資比率	60%	50%
股價100元時，融資維持率	市值10萬元／借貸6萬元＝166%	市值10萬元／借貸5萬元＝200%
融資維持率130%時股價	78元 市值7萬8,000元／借貸6萬元＝130%	65元 市值6萬5,000元／借貸5萬元＝130%

上市股價跌逾22%（100元跌到78元以下）
上櫃股價跌逾35%（100元跌到65元以下）
則會面臨以下結果

結果1	補繳融資自備款，使融資維持率回到166%以上才會停止追繳
結果2	無力補繳融資自備款，券商強制賣出股票斷頭，扣除借貸金額與利息後，剩餘金額發還投資人
結果3	無力補繳融資自備款，當天跌停賣不出，待跌停打開後券商強制賣出斷頭。若賣出金額不足償還借貸金額與利息，則投資人尚須補繳不足款項

註：1. 本表僅計算個股市值，實際交易需另計手續費與證交稅與融資利息；2. 本表融資比率為一般通例，但部分股票風險較高，券商可能會實施較低的融資比率
資料來源：證交所　整理：華倫

善用4大免費網站
掌握公司基本面

　　當我們逛街做好市場調查，感覺這是一家很有「Feel」的公司，也確定它們的產品簡單易懂、歷久不變，又是重複性消費的日常生活型公司後，接著就是要了解這家公司的基本資料與財務基本面。除了可利用券商的下單軟體，我常用的有 4 大網站：

1.了解公司基本經營概況：MoneyDJ 理財網
網站：www.moneydj.com

　　在首頁右邊的搜尋欄位，輸入❶公司名稱（此以「大統益」為例），右邊下拉式欄位勾選❷「財經百科」並點選❸「搜尋」；搜尋結果可能會出現好幾家公司，從中選擇❹你要查詢的公司後，進入公司簡介的頁面，這裡有公司的沿革與背景、營業項目與產品結構、公司的市占率、銷售對象、競爭對手……等介紹，可幫助你大致認識一家陌生公司的面貌。

2.查詢個股財報基本數據:元大證券
網址:www.yuanta.com.tw

　　查詢公司基本財務狀況,我常用的是元大證券網站。進入
首頁後,左上角欄位輸入❶股票代號或名稱(此以股票代碼
9917 的中保為例)並點選「查詢」,則會進入個股分析頁;
可看到左方有幾個選項,必看的有❷「基本分析」、「籌碼分
析」、「財務分析」這 3 大項(無須登入會員即可查看)。

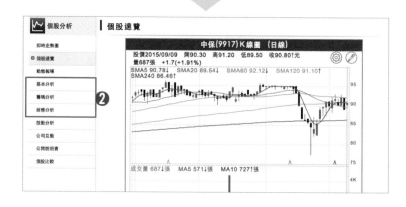

必看選項1》基本分析→經營績效

觀察重點：注意每季獲利變化，單季盈餘連續年衰退要當心

點選「基本分析」，選單展開之後，會有歷年股利政策、經營績效、獲利能力、轉投資、營收盈餘等資訊。

例如點選中保的❶「經營績效」，頁面會出現單季合併季報。中保從 2012 年第 2 季開始，單季❷「營業收入」都維持在新台幣 30 億元以上，且有緩步增加的趨勢；單季❸「稅後淨利」也在 4 億 6,000 萬～ 5 億 2,000 萬元左右，單季❹「稅後每股盈餘」（EPS）約在 1 元～ 1.3 元之間，表現相當穩定。每季季報我都會觀察單季獲利，若開始呈現連續 2 ～ 3 季年衰退，就要保持警覺，先退場觀察。

必看選項2》財務分析→資產負債年表、損益年表
觀察重點：銀行借款（非流動負債）是否小於 2 年稅後淨利

接下來就是重頭戲了，❶「財務分析」選單展開後會有財報 4 大表：資產負債表、損益表、現金流量表、財務比率表。還記得嗎？我的選股條件當中有一項是採取巴菲特（Warren Buffett）的標準──「銀行借款（非流動負債）／稅後淨利」必須小於 2，代表公司 2 年稅後淨利大於銀行借款（非流動負債）。

此時可以打開❷「資產負債年表」→❸「年表」查看❹「銀行借款──非流動」，並打開❺「損益年表」，查看❻「年表」下的❼「歸屬母公司淨利（損）」（即稅後淨利），用這兩個數字計算。若數值小於 2，代表公司 2 年獲利大於銀行借款（非流動負債），那麼公司的銀行借款（非流動負債）狀況尚不足為懼。注意！不僅在買股前要觀察，對於你手中的持股，也需要每季觀察。

同樣以中保為例，可以發現 2014 年的銀行借款（非流動負債）為 1 億 2,200 萬元，歸屬母公司淨利為 20 億 3,400

萬元，銀行借款（非流動負債）明顯小於稅後淨利，銀行借款（非流動負債）除以稅後淨利的數值僅有 0.06。可說 1 個月平均賺 1 億 6,950 萬元，就足以清償所有銀行借款（非流動負債）1 億 2,200 萬元了，遠比股神巴菲特的標準優秀許多。

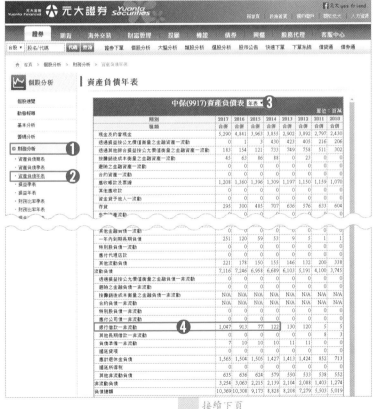

接續下頁

必看選項3》財務分析→財務比率年表
觀察重點：重要財務比率愈高愈好

接著要點選「財務比率」，若要看全年數據，則點選❶「財務比率年表」→❷「年表」。有幾個必看的指標：營業毛利率、營業利益率、股東權益報酬率（ROE）、存貨周轉率，這幾個數字愈高愈好。

以中保為例，2014年的❸「營業毛利率」37.03%，❹「營業利益率」18.58%，代表中保每100元的營收，扣除成本後可賺37.03元，再扣除必要費用後可賺18.58元。❺「ROE（A）──稅後」19.3，則超過巴菲特的選股標準15%。

必看選項4》籌碼分析→籌碼分布
觀察重點：董監持股愈高，對公司愈有信心

籌碼分析代表股票目前掌握在哪些人手中，進入❶「籌碼分析」選單當中的❷「籌碼分布」，即可快速看到公司董監事、3大法人（外資、投信、自營商）的持股張數與比率。通常董監持股愈高，可解讀為對公司愈有信心。像中保的❸「董監持股」為35.36%（若要搭配觀察大股東持股狀況，詳見4-8）。

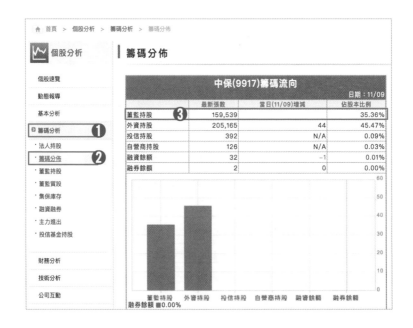

3.查看公司轉投資狀況：精誠資訊
網址：www.money-link.com.tw/stxba/index5.asp？id=

現在上市櫃公司大多有眾多轉投資子公司，在中國投資的公司也不少，為了要了解這些子公司的損益狀況，我習慣利用精誠資訊的網站。

進入網站首頁，在查詢欄位輸入❶「股票代號」（此以股票代碼 2912 的統一超為例）並點選「查詢」，進入個股的分析頁面。在左方選單點選❷「投資動態」，分別查看❸「長期投資明細」和❹「轉投資大陸」，前者可以看到這家公司的台灣子公司，後者為中國的子公司，觀察重點在於這些子公司是賺或賠；❺資料顯示為「104.Q2」，指的是 2015 年截至第 2 季的累計數字。

由此查詢結果，可看出統一超在台灣的子公司眾多，像是統一速達（黑貓宅急便），2015 年前兩季的累計獲利為新台幣 2 億 300 萬元，統一生活事業（康是美）為 1 億 900 萬元，博客來 1 億 8,700 萬元……都是統一超的小金雞。因此，每次季報出爐時都可追蹤觀察，看看獲利是否成長？是否由虧轉

盈或由盈轉虧？若為虧損則是否可能持續擴大，而影響母公司的整體獲利。

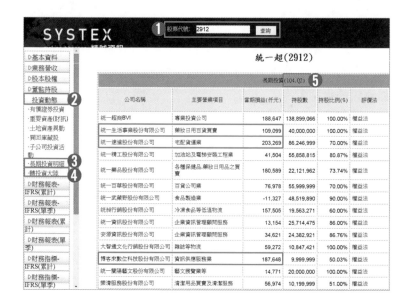

4.查看零股報價：iWow愛挖寶App

除了上述 3 個網站可以善加利用之外，現在有愈來愈多的投資朋友喜歡存「零股」，投資人多半會在下午 1 點半收盤後，看到收盤價再決定要掛多少價格買零股。由於每檔股票的股本大小不同、在外流通零股數量不同、股性也不同，建議可利用

「iWow 愛挖寶」App，方便看到每檔股票當天的零股成交價和成交股數。長期觀察之後，大概就可以抓到比較容易買到零股的價格。

首先下載「iWow 愛挖寶」App 後，你可進入❶「新會員註冊」或「略過註冊」皆可。接著，點選右上角❷筆型符號，在「編輯自選股」頁目中，點選❸「新增」。在搜尋股號、股名處輸入❹股票代號（此以股票代碼 4205 的中華食為例）後，點選❺「新增」，即完成編輯，如此就可以看到該檔個股盤中即時報價。

接著，待下午 1 點半收盤後，再次進入該 App，於「自選報價」首頁中，點選❻欲查詢已列入自選股的個股（此以中華食為例）後，即可看到該檔標的的❼「最佳五檔」、「行情報價」、「零股交易」……等選單。接著滑動至❽「零股交易」選單，就可看到當天的❾「零股買價」、「零股賣價」、「零股成交價」、「零股成交量」等數字。以 2018 年 11 月 7 日為例，可看到中華食的「零股買價」為 68 元、「零股賣價」為 69.9 元、「零股成交價」為 68 元、「零股成交量」為 188 股。

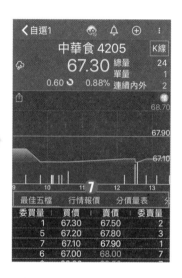

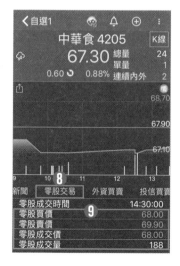

4-8

手指動一動
全方位接收個股資訊

工欲善其事，必先利其器，我們還可以運用一些小技巧，幫助自己查詢跟投資有關的資訊。身為一個投資人，不能不認識的網站就是「公開資訊觀測站」（mops.twse.com.tw），顧名思義是上市櫃公司公開資訊的地方，資訊豐富完整，若能善加利用，你的投資功力將能更進一步！

公開資訊觀測站看財報、法說會簡報

上市櫃公司在每月 10 日之前必須公布前一個月的營收，每一季結束後也會發布正式財報。投資人若不克前往股東會，又想查看公司的正式財報，可在公開資訊觀測站下載電子檔案（詳見圖 1）。

財報公布日期規定如下：
第 1 季季報：5 月 15 日之前

圖1 利用公開資訊觀測站就能找到企業財報
——企業財報查詢方法

到首頁點選❶「財務報表」→❷「採IFRSs後」→❸「財務報告公告」，接著按股票代號與資料發布年度，即可下載公司近期的財報。

資料來源：公開資訊觀測站　　整理：華　倫

第2季季報：8月14日之前
第3季季報：11月14日之前
年報：次年3月31日之前

　　股市新手可能沒有閱讀財報的習慣，但是我還是建議要習慣做這件事情，因為你是拿錢投資這家公司的股東，不去了解營運狀況也太說不過去了。你可能還會從中發現一些問題，就可

以發個 Email 去問公司,或直接打電話給公司的發言人。

　　大多數的上市、櫃公司,都很樂於解答小股東的問題。像是 2015 年第 1 季,台汽電(8926)公司的獲利不如預期,我打電話到公司詢問,得到的答案是台汽電旗下發電廠國光和星能,進行年度歲修,因此獲利減少。

　　還有,崑鼎(6803)旗下的倫鼎公司,業務是負責台中市一般廢棄物和事業廢棄物的清運和焚化。2015 年 4 月,倫鼎單月營收竟然大減,若跟 2014 年同期相比衰退了 23%。於是我也發出了 Email 詢問,公司的回覆是焚化爐進行年度歲修,2014 年是 5 月歲修,2015 年排定在 4 月歲修,比較基期不同,自然會出現落差。果不其然,倫鼎在 2015 年 5 月的單月營收恢復正常,且比 2014 年同期成長了 34%。諸如此類,多和自己投資的公司保持聯絡,你對公司的「感覺」將會更敏銳。

　　還記得有一次,台灣因黑心油問題造成食安風暴,我打電話到大統益(1232)公司,詢問有關此事件對大統益市占的影響。一位胡協理接我的電話,他不但解答了我的疑惑,聊到最

圖2 公開資訊觀測站就可下載法説會簡報
——法説會簡報查詢方法

在公開資訊觀測站首頁點擊❶「彙總報表」→❷「法人說明會一覽表」，接著輸入❸欲查詢公司類別（上市、上櫃、興櫃）、年度、月份、公司代號；若該公司有參加法説會，即可查看法説會簡報檔，內有公司近期的營運實況和未來展望等資訊。

資料來源：公開資訊觀測站　　整理：華　倫

後還與我閒話家常，甚至還聊起了小孩，真是一次難得的有趣經驗。

　　此外，很多國內外的券商、投資機構等法人，會邀請公司參加法人說明會，公司會向這些法人報告營業狀況與目標。我們小散戶雖然無緣躬逢其盛，但是仍可以透過公開資訊觀測站，看到法説會的簡報內容（詳見圖2）。

一般來說,通常要看到公司獲利數字,必須等到每季發布季報。其實有些公司會搶先在每月 10 日之前,就公布前一月的單月稅前獲利,像是電信股、金融股、大豐電(6184)、崑鼎、中碳(1723)、中聯資源(9930)……等。每個月都能知道公司在扣掉所得稅之前,幫你賺了多少錢,享受即時暢快(詳見圖 3)。

從董監與大股東持股比重,看大戶買賣動向

我在上一章(詳見 4-7)有介紹如何從元大證券網站,看到董監持股比率。用功一點的投資人,還可到公開資訊觀測站進一步查詢董監事、大股東的持股明細。

董監持股指的是公司的董事、監事,不過公司內部還是有不具董監身分的大股東,持有相當比率的股票,且不會輕易賣出,這些大股東也是代表籌碼安定的力量。

有時候,大股東甚至不會直接持股,而會以配偶、子女或利用他人名義等關係人,持有自家股票,這在公開資訊觀測站裡的「董監事持股餘額明細資料」也能看到。

圖3 部分公司每月公布稅前獲利，可搶先查詢
── 單月稅前損益查詢方法

在公開資訊觀測站首頁點擊❶「營運概況」→❷「自結損益公告」→❸「自結損益公告──月申報」，進入查詢頁面後輸入❹「公司代號或簡稱」、「年度」→按下❺「查詢」，即可查詢到公司最新申報的單月稅前損益。

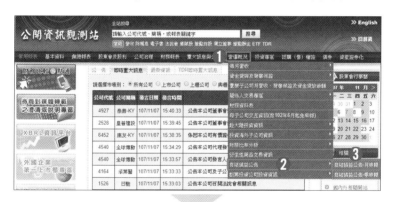

資料來源：公開資訊觀測站　　整理：華倫

靠整合型資訊網站,加速查詢相關數據

網路上也有許多整合型的資訊網站,多數是免費,有些則要你加入會員才能看到更多資訊,更進階的則要付費,而我所利用的多是免費網站,已經很夠用了。

我個人常用的網站是「撿股讚」(stock.wespai.com),可免費瀏覽。這個網站很犀利,舉凡像是除權息日期、發放現金股利日期、可扣抵稅率、殖利率、董監持股、公司毛利率、營業利益率等財務比率,甚至公司股東會要送什麼紀念品……等,在這都查得到。想要貪一點便宜的朋友,也能在「撿股讚」查到國內各大券商下單的手續費(詳見圖4)。

早期我使用的是鑫豐證券網路下單,手續費1.7折(不含興櫃股票,鑫豐證券2019年1月1日將與犇亞證券合併,相關手續費請洽該券商),但是戶頭裡面必須要先有錢才能下單買進,這種交易方式稱為「圈存交易」。

會選這家券商的原因,是因為我常常買進零股,所以希望手續費愈少愈好。而被很多人視為麻煩的圈存交易,我反而認為

圖4 撿股讚網站可查詢券商手續費折扣
—— 撿股讚網站提供資訊

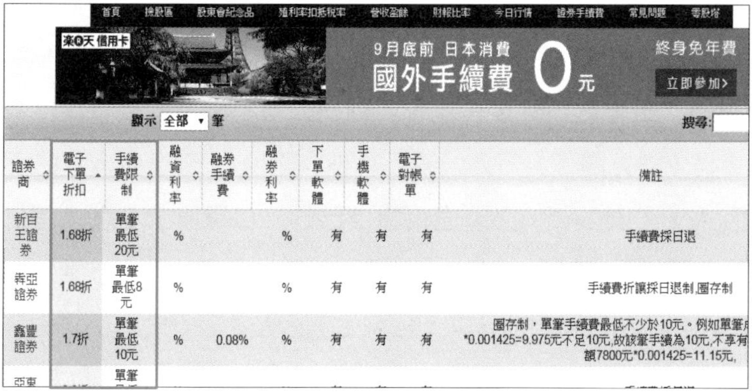

證券商	電子下單折扣	手續費限制	融資利率	融券手續費	融券利率	下單軟體	手機軟體	電子對帳單	備註
新百王證券	1.68折	單筆最低20元	%		%	有	有	有	手續費採日退
犇亞證券	1.68折	單筆最低8元	%		%	有	有	有	手續費折讓採日退制,圈存制
鑫豐證券	1.7折	單筆最低10元	%	0.08%	%	有	有	有	圈存制,單筆手續費最低不少於10元。例如單筆*0.001425=9.975元不足10元,故該筆手續為10元,不享有額7800元*0.001425=11.15元,

資料來源：撿股讚 　　整理：華　倫

是優點，因為可以避免錢不夠卻衝動下單；萬一資金不足，不小心買進太多股票，反而變成違約交割。

　　還有，買賣上市櫃股票的下單手續費最低收取 10 元，也就是說，如果交易金額 2,000 元，每筆仍是收手續費 10 元；若要真正享有 1.7 折優惠，交割金額得在 7,018 元以上才行。從「撿股讚」網站也能看到犇亞證券的手續費 1.68 折，讀者有興趣可以自行接洽相關券商。

善用3工具，雲端筆記好方便

平常如果要關心所投資公司有哪些動態或新聞，我習慣利用2個小工具，一是「Google 快訊」（www.google.com.tw/alerts），做好設定後，就會自動把公司在網上的相關資訊寄給我（詳見圖 5）。另一個工具是「Yahoo! 奇摩股市」的手機 App，安裝後，必須先編輯自己的「自選股」，之後有公司相關新聞，都會出現在「自選股新聞」當中。

最後，對於重要的新聞資訊想要留存，我們可以使用「Evernote 雲端記事本」。不論出現在電腦或者是手機上的重要資訊，皆可利用 Evernote 快速擷取，並且分門別類儲存在雲端；不僅節省硬碟空間，又可利用關鍵字隨時搜尋，對於手機族來説，尤其方便。

圖5 設定快訊自動寄發功能,個股資訊不漏接

——Google快訊自動寄發功能設定方法

在搜尋欄位中,輸入❶公司名稱或關鍵字,並輸入自己的❷Google電子郵件
地址(若無Google帳號則需先註冊)。同時可點選❸「顯示選項」,就會
出現更多欄位讓你設定,包括寄發快訊的❹「頻率」、「來源」、「語言」
等,最後點選❺「建立快訊」,設定就完成了。

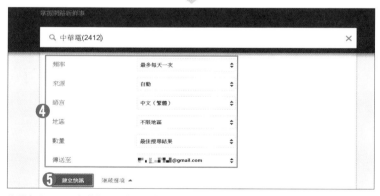

資料來源:Google 快訊　整理:華　倫

股票長抱不賣
用借券賺額外利息收入

買進股票後,除非公司出現了獲利連續衰退的情況,否則我會把股票鎖在保險箱裡面。對於高資產的投資人,如果鎖不住,想要常常賣股票、賺價差,則可以將股票交付信託;信託後,要賣股票就變得沒這麼方便了。

將股票出借給銀行、券商做信託,即為借券

所謂「借券」,就是「有價證券借貸」,簡單來說,借券信託就是把股票出借給銀行或券商做信託,但信託股票市值必須達一定門檻,例如 300 萬元、500 萬元等,且單一個股要在規定張數以上,例如 10 張、20 張。

儘管你出借了,股票所有權也還是屬於你的,只是這段時間你就無法賣出股票,需等到約定期限到才會把股票還給你,因此適合長期存股,且資產達到一定門檻的投資人。

此外，借券信託還有個好處，可以賺點額外的利息收入，且借券收入屬於租賃所得，毋須扣除二代健保費 1.91%。我從 2015 年 3 月開始將股票信託，之後陸續將股票出借，每年都多賺了不少借券收入。

除了能夠將股票信託借券，我們還可以利用「雙向借券」辦理出借股票。「雙向」指的是「出借股票」和「借入股票」，如果你像我一樣，只想出借股票賺利息，不想借入股票還要付別人利息的話，請在開借券戶時向券商承辦人員說明，你只要辦理「出借股票」的單向借券，且有些券商在承辦此業務時，沒有張數門檻限制，只要 1 張就可以出借。投資人開辦借券戶時，於券商臨櫃會要求勾選一些項目，詳細說明如下：

1.股票出借時，股東會最後過戶日是否提前還券？

若勾選是，則投資人會收到股東會通知書，可參加股東會行使股東權利，或領取公司股東會紀念品；若勾選否，則不會收到股東會通知書，便無法出席一年一度的股東常會。

2.股票出借時，除權息交易日是否提前還券？

若勾選是，則在股票除權息交易日前還券，自己會參與到除

權息,股利所得收入算本人,並享有 8.5% 可扣抵稅額,適用於低所得稅率家庭;若勾選否,則借券人會以權益補償方式將增資股和股息存入出借人帳戶中,股利所得收入屬於借券人,出借人無法享有 8.5% 可扣抵稅額,適用於高所得稅率家庭。

3.股票出借時,若遇公司現金增資是否提前還券?

若勾選是,則投資人會收到現金增資認股繳款書,以利參與公司現金增資;若勾選否,則借券人會以權益補償方式將增資繳款書寄給出借人,出借人將現增股款存入指定戶頭即可參與公司現增。

4.設定股票出借費率

某些券商會要求投資人自行設定股票出借費率,則投資人可參考證交所網站(www.twse.com.tw/zh/page/products/sbl/sbl_info.html),參考個股之出借費率。一般以費率較低者優先出借,但應避免出借費率設定太低,如此淪為殺價競爭,賺取較少的利息;但也不宜設定過高,因較不易出借成功。

此外,借券收入會被券商抽手續費(詳見表 1),剩下的就是我們借券分潤的收入。

表1 **僅1張股票即可承辦借券的3券商**
── 券商借券最低張數限制與收取手續費

券商	借券最低張數限制	券商收取手續費
富邦證券	1張	20%
凱基證券	1張	25%
元大證券	1張	30%

資料來源：各大券商網站　　整理：華　倫

借券收入的計算公式：

借券收入＝當日收盤價 × 出借股數 × 出借成交費率 ×
出借天數／ 365× 分潤成數

借券收入毋須扣二代健保補充保費，且股利照領

出借天數愈多，借券收入愈高，但實際入帳時會先扣除相關稅費。借券收入雖是租賃收入，但不在二代健保的範圍內，不用被扣補充保費。出借期間如遇除權息，配股、配息仍會撥入你的戶頭。

　　有時候，借券收入可能比股息更多。我在 2015 年 9 月 10 日出借日友（8341）股票 10 張，出借費率為 7%，2016 年 7 月 1 日還券，總計出借 295 天，扣除相關稅費後共領回 5 萬 3,900 元；而 2016 年日友每股發放股息 3.5 元，10 張的股息才 3 萬 5,000 元。

　　如果想要賣有辦理借券的股票時，有分 2 種情況：第 1 種是股票未出借，信託中的股票則要提出申請，需要 1、2 天的時間，不過雙向借券戶比較單純，隨時都可以賣出股票；第 2 種情況是股票已經出借，若想要賣股的話，不論是信託借券或雙向借券，都必須聯絡你的營業員申請 Call 回程序，一般來講，快則 1 天，慢則 3 ～ 4 天，股票才可以匯回你的集保戶頭。股票信託如果要賣股票比較麻煩，且申請股票信託的門檻較高，但優點是較容易出借，出借利率也較高。

　　我認為借券制度真是存股族的一大利器，因為我們本來就不會隨便賣股票，現在可將閒置在集保帳戶的股票出借賺取額外的利息收入。大家想想，正常情況下，你存的股票張數會愈來愈多，出借股票的機率自然相對就高，股息就會不斷成長，借券收入也會一直增加，讓大家真正體會到「複利」的威力。

4-10
建立健康心態
立志買下全台灣好公司

大家出國會多方比較行程、價錢，買東西會殺價、會在網路搜尋比價網，但買股票就不是這麼回事了。

一天花這麼多的時間在工作上，你有算過 1 個小時賺多少錢嗎？如果你期望在股市 4、5 個小時或幾分鐘之內，就能賺取到比工作更多的金錢，或者幻想聽到一些流言蜚語就能致富，你摸著良心講，這有可能嗎？你花在研究股票的時間比你在工作上班的時間少很多耶！就算偶爾發生，也不可能長久如此。

如果玩股票就能養活一家人、存到退休金，那麼大家都可以不要工作了，想要快速致富真的是天方夜譚。所以我還是要苦口婆心地說：請養成好習慣、存股的習慣！

習慣於長期持有好股票，習慣於讓好公司幫你賺錢，累積財

富。巴菲特（Warren Buffett）説：「致富無關於智力高低，也不需要高深的學問，只要冷靜、持之以恆，再運用一些簡單的方法就可以成功。」

習慣成自然，積少成多累積股權

習慣真的很重要，就算勉強也要養成習慣，習慣成自然。從前我開車看到黃燈，都會搶快衝過去，真的是改不了的壞習慣。但自從我在學校代課，當了導護老師，每天早上看到這麼多的學生走過斑馬線，如果另一個方向的車子加速搶黃燈、闖紅燈，萬一撞到學生那可是非同小可！所以當我拿著指揮旗幟，心中對搶黃燈的車子都很感冒，想要把它硬擋下來。也因為這樣，將心比心，我以後開車都不搶快，看到黃燈一定停下來，久而久之就習慣了，真的沒有什麼困難的。

只要手中有閒錢，而且股息殖利率超過 4.5%，我就會急著想要「收購公司的股權」，恨不得把自己喜歡的公司全部買下來。有閒錢就買零股，已經成為一種習慣，我最少曾經買過佳格（1227）1 股（買 1 股的目的，是為了讓佳格除權後，可讓小數點進位多配 1 股出來）、台灣大（3045）2 股（當年

鑫豐證券最低手續費是 1 元）。

我喜歡擁有一家公司的感覺，這種感覺比擁抱現金還來得真實；有時候，我深深感覺到，我的每一塊錢都在替我工作（這句話我又講了一次）。

有沒有解決方法呢？有的，當我不要去想指數、不想股價，而是看到賣場大家都買中華豆腐，看到夜市都用美食家沙拉油（大統益（1232）的沙拉油品牌），看著 7-ELEVEN 還是一樣生意興隆，看到我投資的好公司還是在幫我賺錢，我就釋懷了。這種心態是可以練習的，這個才是投資的本意。

簡單易懂、眼見為憑是我奉行的圭臬，我要的是隨時都看得到的公司，是要很有感覺（有 Feel 的公司），公司的產品或服務非常簡單，容易生產並且經久不變！

要再次提醒大家，如果想賺股票的錢，千萬不要被輕易嚇跑。教你怎麼挑選股票的書，每年都有一堆，但若缺乏意志力、膽量不夠，你學了多少法寶都沒有用。投資股票，是看你有沒有毅力，不要讓無謂憂慮影響了你的操作策略。如果你挑

到的是每年股息都持續增加的股票,勝算還是很大。

均攤成本,小資族從零股存起

人都有一種心態,不怕買貴,但是怕買得比別人貴;要避免這一點,就不能忘記「分批進場」的好處。存零股也就是這種概念,小資族沒有足夠的金額可以買整張,可以慢慢以零股買進,長期自然可以平均成本,進而買下全台灣、買下你中意公司的股票,可以當很多公司的股東。

每當你看到這些公司在幫你賺錢,你晚上做夢都會笑,不騙你。尤其每年 8、9 月,看到存摺有股息匯入,而且逐年增加,你就會更有恆心和毅力地存下去、繼續持有。慢慢地存,有了穩定配息,就是存股的第一步。存股者就像是一朵向日葵,必須要在夜裡默默的堅持,心無旁騖,心無雜念。

先求穩再求賺,鞏固地基才能蓋高樓

不知道大家有沒有想過這個問題:有兩位投資人,一個炒短線,試圖低買高賣賺價差;另一位投資人,每個月有閒錢就買

統一超（2912）零股，存股 10 年下來，誰賺得比較多？

　　短線交易者常有的一種情況就是，賺錢的股票賺一點就跑，賠錢的股票不賣，就給它套，所以通常是大賠小賺。就算你的勝率和擲硬幣擲出正、反面的機率相同，也就是賺、賠機率各半，頻繁交易到了最後，也還是賠了證交稅和給券商的手續費；另外，還損失了你最重要的「快樂和自信」。

　　所以我常給股市新手的建議就是──先求穩，再求賺。和蓋房子一樣，地基要穩固，才能蓋出一柱擎天的摩天高樓。有了穩定的股息收入之後，隨著你的存股經驗愈來愈豐富，對於發掘被埋沒在土裡的黃金，你會更加敏銳。

　　台灣的流通業教父徐重仁說過，「只要用心，就有用力的地方，凡事徹底把平凡的事做得不平凡，就會成功。」從今天開始，多觀察、多詢問；路上的一間店、一輛車、賣場裡消費者的談話、各種商品在店內擺放的位置與庫存變化；修車廠技師對你的解說、網軍對各種產品的評論，你的朋友、父母、兄弟、姊妹、兒子、女兒、舅舅、阿姨、姑丈最近在趕什麼流行……人類生活中所碰到的食、衣、住、行、育、樂，都是你選股的

重點。

「買下全台灣最一流的公司」，是我曾經立志要達成的目標，當你擁有全台灣最棒的公司，每天看到它們努力地在幫你賺錢，你會很感動！原來這就是用錢賺錢、錢滾錢。

人家說，有投資股票的人都很有學問，所言不假。當你發現了你喜歡的公司，你會去研究它的獲利穩不穩定、有沒有成長、公司有沒有負債、公司產品在市場上的地位，是否寡占、壟斷，轉投資公司有哪些？你也會去追蹤公司老闆有沒有誠信、有沒有專注本業、有沒有重視股東權益……。

當你發現這真是個好標的，接下來就是等待好價錢的出現。不要猶豫，買下它，買下全台灣。到時候，你不用擔心勞保、勞退領不領得到，不用擔心政府會不會破產發不出薪水，你也不用擔心政府會不會不讓你退休，更不用擔心政府會叫你工作到 65 歲、做到 70 歲。

1996 年我還在當兵的時候，台灣的銀行如雨後春筍般，一家一家的開幕，當時的活存利率就是 5%（詳見註 1），但其

中有很多銀行都已走入歷史，不是被購併就是倒閉，像是慶豐銀行（已結束營業）、萬通銀行（併入中信金 2891）、萬泰銀行（併入開發金 2883）、誠泰銀行（併入新光金 2888）、華信銀行（為永豐金控前身之一）……等。

我找出一本 1996 年玉山銀行的存摺，裡面有一筆 1 萬元的定存，那時候 1 年期定存利率是 7.58%（現在想到會流口水，只是此一時，彼一時，流口水也沒用）。

遙想當年，身上不過幾萬塊，如今有一棟沒有貸款、市價約 1,100 萬元的透天厝，還有市值超過 3,500 萬元的股票資產，2018 年股息＋借券就可以領到 186 萬元。也許這樣的成果，跟有錢人比起來不算多，但卻是努力工作、力行存股的結果，這都來自長期持有好公司股票、讓好公司幫我們賺錢，「買下全台灣的好公司」。希望大家都能和我一樣，達到自己心目中的財務自由。

註 1：1996 年時臺灣銀行活存牌告利率 3.75%，但玉山銀行、台新銀行、遠東銀行、慶豐銀行、萬泰銀行、萬通銀行、華信銀行、大安銀行（與台新銀行合併）等新銀行祭出的年利率相對優渥，活存利率高達 5%。

Chapter 5

檢核》
鑽研基本面
確認好股體質

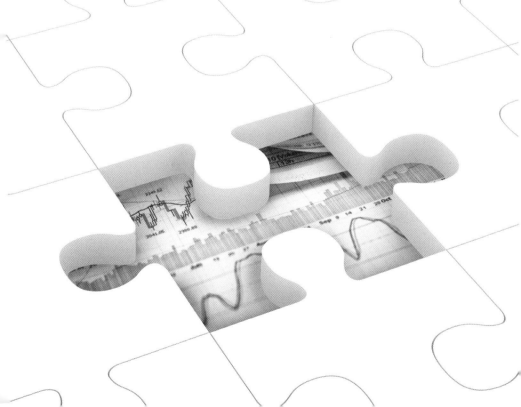

4類「有感」股
適合長期關注

　　在本書3-1中,已經說明過存股的6大特點,本章我再做進一步的說明。

類型1》供應子彈型公司
特色:具長期需求、市場趨近壟斷

　　傳奇基金經理人彼得‧林區(Peter Lynch)說:「不要買互相廝殺的對手,而是要買供應子彈的公司。」如果市場上只有這1、2家賣子彈(即供應原料)的公司,那麼它一定是個很好的投資選擇。

　　以國內食用油市場為例,因為2013年食安風暴,不肖業者相繼退出,沒出問題的好公司就接收了市場,趨近於壟斷。今天你不管要到夜市吃鹽酥雞、到餐廳吃料理、到速食店吃薯條、漢堡,這些炒菜、炸雞、炸薯條的油,都是由少數幾家油

品供應商供應，大統益（1232）就是台灣生產食用油的龍頭廠商；此外，像是提供烘焙坊、麵包店、各大飯店烘焙原料的供應商，也都有類似供應子彈的概念。不用管哪一家麵包店生意好不好，反正都是用同一家的烘焙原料。

國內市占率最大的烘焙原料供應商德麥（1264），每個月在台灣供貨的店家數超過8,000家，覆蓋率達90%，正是供應烘焙原料的「軍火商」；另外，國內的火鍋店和日式料理也都有火鍋料和豆腐的需求，中華食（4205）便站穩了台灣火鍋料和豆腐市場的領先地位，這些都是長期存股不錯的選擇。

類型2》展店型公司
特色：產業貼近人民生活，具簡單易懂特質

除了上述供應子彈型公司之外，彼得·林區還強調從日常生活中選股，從逛大賣場、購物中心、街道馬路，看到哪些公司正在欣欣向榮。

他在《彼得林區選股戰略》（One Up on Wall Street）

一書中提到假日飯店（Holiday Inn）、聯合旅館（United Inns）、拉昆塔旅館（La Quinta）等，他看到這些上市公司不斷展店、新設分點，而且都生意興隆。

就以拉昆塔為例，這是一家連鎖汽車旅館，從美國德州發跡並且擴展到阿肯色州和路易斯安那州等地，隨著旅館家數不斷增加，公司的獲利也不斷成長，彼得‧林區判斷，拉昆塔找到自己的競爭利基，而且還有很大的發展空間，他在這檔股票漲了1倍之後買進，持有10年，大賺了11倍。

這種「展店型」公司，消費者看得到、感覺得到，對我來說也是屬於「簡單易懂的公司」，至少比複雜的高科技業簡單。當你看到報載某蘋果供應公司被蘋果砍單、砍價，或者又有中國紅色供應鏈打入蘋果供應系統時，股價早已經大跌重挫2、3成以上了，我們看到都已經來不及了。

但假設你在路邊看到有新的便利商店竄出，身為統一超（2912）股東的你，就會知道競爭對手的生意好不好、對統一超威脅大不大，輕易做出判斷。這種展店型公司總是慢慢的、一家一家的開，絕不可能在一夕之間、睡個覺起來，台灣

就突然有5,000家新的便利商店成立，因此，你有充分的時間可以決定到底要不要繼續持有這家公司。

由於台灣地小人稠，便利商店的數目已經趨近於飽和，因此統一超近年來加速在菲律賓展店（截至2018.07，統一超持有菲律賓7-ELEVEN股權52.22%），每年平均以增加300家門市為目標。截至2018年11月，統一超在菲律賓已經開出了2,471家門市，穩居菲律賓便利商店龍頭寶座。

除了統一超以外，以「85度C」品牌聞名的平價咖啡烘焙連鎖店美食-KY（2723），也是同樣的概念。85度C從台灣發跡，2004年在新北市永和區成立第1家門市，2006年進軍澳洲市場，2007年在中國上海開了第一家門市。截至2018年5月，85度C在台灣有435家門市，在中國已經開出了589家門市。

85度C在2008年進軍美國市場，在加州南部的爾灣（Irvine）開了第1家門市，緊接著在2011年於仙達岡（Hacienda Heights）開第2家門市。從「85度C北加州開店，排3hr瘋搶台灣味」等Youtube影片中，每每看到民眾大

排長龍的景象，就知道85度C在美國受歡迎的程度。

此外，85度C在2017年2月殺進星巴克的大本營西雅圖（Seattle），在當地成立分店。隨著分店愈開愈多，美食-KY的獲利也逐季成長。截至2018年5月，85度C在美國已經開出了44家門市。

另外像這幾年藥妝生活百貨寶雅（5904）、健身工廠柏文（8462）、醫療用品業的大樹（6469）、杏一（4175），以及在中國開設幼兒園的大地-KY（8437）、在兩岸的廢棄物焚化掩埋場日友（8341）等，也都不斷擴點展店。

當你看到這些公司的分店一家一家開，而且生意愈來愈好的時候，就是可以買進參與投資的時刻。與其說我們在尋找好公司，其實好公司也正在吸引著我們。在日常生活中，到處都存在著寶藏。

但反過來說，當你看到一家連鎖店的生意變差了，或者發現有其他競爭者加入時，也必須要有所警覺。眼見為憑，好比我

在4-3所述的王品（2727），該停損、停利時，該賣還是要賣。

類型3》**環保公司**
特色：不受景氣影響，擁特許權的龍頭公司才值得投資

基士德-KY（6641）董事長謝宏炅說：「只要有人類生活的地方，環保業就不會不景氣。」這句話很吸引我。環保股具有不受景氣影響、獲利穩健的特性，但不是所有環保公司都值得投資。要選擇站穩利基市場、擁有特許權的龍頭公司才是值得長期投資的標的。

日友為國內擁有最大醫療廢棄物處理廠的公司，以國內醫療院所來看，市占率達39%，若以處理量來計算，市占率更高達45%；公司規畫彰濱二廠已於2018年10月開始試營運，貢獻獲利，若加計原有彰濱一廠的處理量，日友在事業廢棄物處理量也是台灣第1名；中國方面，未來3到5年也有若干廠房開始興建，包括山西運城廠、北京二廠、江蘇宿遷廠、江蘇江陰廠、河北廊坊廠、山西大同廠，若因環評問題或有遷廠或遞延工期的情況必須要留意。

　　崑鼎（6803）主要業務是垃圾清運焚化，並售電給台電。近年來進入資源循環領域，每年均有穩定的獲利；可寧衛（8422）是國內事業廢棄物固化掩埋龍頭廠商，公司近7年毛利率多超過60%，配息穩定，但要留意公司現有掩埋場滿場的問題，馬頭山掩埋場何時能通過環評也是重要觀察指標。

　　水務公司山林水（8473）則擁有兩座BOT（新建－營運－移轉）汙水廠的特許權營運資格，包括高雄楠梓綠山林和宜蘭羅東東山林汙水廠，營運期分別到2041年和2040年，到期和政府有優先續約權；從事底渣處理的子公司力優勢在2018年營運已經貢獻獲利，子公司禾山林ROT（增建、改建及修建－營運－移轉）位於台中市外埔區，於2018年11月試營運。禾山林負責回收大台中市的廚餘和稻稈，進行「厭氧發電」和「氣化發電」，並售電給台電。舉凡山林水或其旗下業務，皆有不受景氣影響的特點。

　　此外，2018年，由於中國祭出「限汙令」，要求嚴格，若廢水達不到排放標準，將罰款或勒令停工，而提供汙水設備和整體解決方案的廠商基士德-KY，將開始迎接一波環保商機。

類型4》**其他類股：金融、油電燃氣、食品**
特色：配息穩定，前景較具確定性

存股首重穩定性和持續性，盡可能買業績穩定的股票，對於業績大起大落、時好時壞的個股盡量不要碰，在我的第3本書《華倫老師的存股教室②：股利與成長雙贏實戰》中，提到的一些獲利和配息穩定的股票，讀者也可以參考。以下我會列出較「有感覺」的幾種股票：

1.金融類股

包括官股銀行華南金（2880）、兆豐金（2886）、合庫金（5880）、第一金（2892）；民銀金控富邦金（2881）、國泰金（2882）、中信金（2891）、玉山金（2884）、上海商銀（5876）；產險類股新產（2850）、台產（2832）……等。

2.油電燃氣類股

說到不受景氣影響的股票，就不得不說到油電燃氣股票，這類公共事業的股票雖然定價權不高，但具有穩定收益的特性，像天然氣股的欣泰（8917）、大台北（9908）、欣天

然（9918）、新海（9926）、欣高（9931）；電力事業
台汽電（8926）；石油業台塑化（6505）和加油站全國
（9937）……等。

3.食品類股

大多數的食品業具有可以漲價的特性，能抗通膨當然就是我
們投資股票的目的，除了上述大統益、中華食、德麥之外，生
產麵粉和各產業所需氣體的聯華（1229）；兩大飼料與雞肉
生產廠商大成（1210）、卜蜂（1215）；統一超7-ELEVEN
便當代工廠商、也是國內知名零食製造商聯華食（1231）；
生產桂格麥片的佳格（1227）；其他像天仁（1233）、南
僑（1702）也都在各自領域具有領導地位，像這樣的公司也
可以留意。

我一向對變化莫測的高科技電子類股非常恐懼，在其他幾
本書也提到過，現在的高科技未來恐怕不是高科技，當你看
到茂迪（6244）、益通（3452）、晶電（2448）、旺宏
（2337）、華邦電（2344）……這10年來的走勢，你就知
道可怕了。想要長期投資股票享受複利的成效，「確定性」是
很重要的，因此「不確定性」的電子類股我通常會避開。台股

分類中有一大類叫做「其他類股」，我的很多股票也多從這一類股票中選出來，大家可以多多關注這一塊。

台股在2018年10月從高點1萬1,064點重挫到最低點9,400點（2018.10.26），跌幅高達15%，且其中不乏暴跌30%以上的個股，很多股民把過去兩年賺來的錢全部吐回去不打緊，甚至倒虧的還比比皆是，但這段期間，電信股其實並沒有很大的波動。

電信業雖然面臨低價搶市的狀況，然而3大電信公司：中華電（2412）、台灣大（3045）、遠傳（4904）都各自發展許多加值的服務，以增加獲利能力，因此，投資組合中也可以納入一些電信股作為穩定的力量。

另外，台灣高鐵（2633）也是壟斷獨占的行業，但由於高鐵是公共事業，和電信業一樣，漲價比較不容易。若以台灣高鐵2018年度配息0.75元來看，股價以30元計，殖利率僅2.5%，並不高。

相形之下，國內最大保全公司，近年跨入物聯網安全服務的

中保（9917）、還有近年跨入長照領域的國內人力銀行老大哥一零四（3130），這兩家公司就有較高的殖利率，就看投資人如何建立投資組合了。

最後希望讀者看完這些公司的介紹後，對於簡單易懂、重複消費、產品長久不變、市占率高的民生公司，都能夠很「有感」！我想讓大家知道，這些公司就是我一直在注意，並且也在持續尋找的。

而我已經長期持有的公司，就像是一隻隻的金雞母，完全不用擔心任何外在事件的影響；當然讀者還可以發揮創意，因為其實還是有很多公司，有待我們細心發掘。

但還是要提醒各位讀者，上述列出的公司，有部分是我已經長期持有超過5年、10年以上，也有好幾檔股票是我並未持有的。我會列出這些公司讓我「有感」的理由，是因為所有公司的基本面無時無刻都在變，因此我盡可能選一些變化極小的公司，且滿足本書第3篇所介紹的好公司條件。

另外，文中提到的公司像德麥、日友、可寧衛、山林水、中

保、一零四、統一超的基本面分析，請參考我的第3本書《華倫老師的存股教室②：股利與成長雙贏實戰》，而崑鼎、大地-KY、基士德-KY等個股的基本面分析，則會在後面章節論述。

崑鼎（6803）
子公司業務擴展加持，獲利將大幅提升

　　崑鼎（6803）全名為「崑鼎投資控股股份有限公司」（ECOVE Environment Corporation），大股東中鼎（9933）持股57.31%（截至2018年10月），集團分工是以中鼎接案統包施工，完工後再由崑鼎負責營運操作。

　　崑鼎近年來聚焦於資源循環，包括再生物質、再生能源、再生水……等領域，除了過去的垃圾清運、垃圾焚化廠操作售電、軌道機電維護之外，還進軍半導體製程中常見化學品廢異丙醇（IPA）的回收再利用、太陽能發電、生質能中心、汙水廠、再生水廠的操作（崑鼎旗下各子公司及其業務詳見表1）。

營運概況》切入太陽能發電、汙水廠，多元經營

　　崑鼎旗下子公司過去營運重心為垃圾焚化廠代操（崑鼎

266

表1 崑鼎業務擴及半導體化學品的回收再利用
——崑鼎（6803）旗下各子公司及其業務

子公司	崑鼎持股比率	業務
暉鼎資源管理公司	100.00%	各領域廢棄物、垃圾焚化廠底渣清運處置
倫鼎公司	98.00%	負責台中烏日焚化發電廠的投資、開發、建造、營運作業
信鼎技術服務公司	93.15%	機電設備歲修維護、焚化發電廠等大規模環境資源廠維護營運
裕鼎公司	74.99%	負責苗栗縣焚化發電廠的投資、開發、建造、營運作業
昱鼎能源科技開發公司	100.00%	海內外太陽能發電廠的興建營運，擁有美國紐澤西州Lumberton100%電廠經營權
耀鼎資源循環公司	89.99%	將半導體業低濃度廢溶劑提濃純化後再次回到工業製程中使用
元鼎資源公司	60.00%	廢棄物之清除、處理與汙染防治服務
寶綠特環保技術公司	20.00%	設址在中國浙江省，從事聚對苯二甲酸乙二酯（PET）與其他塑膠瓶的回收再利用

註：資料統計至 2018.09.30；崑鼎於 2018.09.20 公告取得昱鼎能源科技開發公司股權，累計持股比 100%　資料來源：Money DJ 理財網　整理：華　倫

2018年前3季營收有48%來自子公司信鼎，信鼎子公司詳見表2；信鼎代操垃圾焚化廠詳見表3）和機電工程、軌道歲修維護。近2年多角化經營，成為全方位的資源循環環保公司，

表2 信鼎持有祥鼎100%股權
——信鼎技術服務公司旗下子公司

子公司	信鼎持股比率	業務
瑞鼎廢物處理公司（澳門）	30.00%	從事澳門焚化中心及澳門特殊／危險廢物處理站的營運與維護作業
祥鼎環保技術服務公司（上海）	100.00%	提供中國環境資源專案的諮詢與監管服務
中鼎化工	27.00%	工業助劑之批發製造與零售
倫鼎公司	2.00%	負責台中烏日焚化發電廠的投資、開發、建造、營運作業

註：資料統計至 2018.09.30；中鼎化工採權益法入帳
資料來源：崑鼎官網、公開資訊觀測站　整理：華　倫

表3 信鼎負責代操的6座垃圾焚化廠
——信鼎代操垃圾焚化廠合約期限

名稱	委託操作合約
台南市城西里廠	1999年8月至2020年4月
台中市后里廠	2001年8月至2021年8月
桃園市桃南廠	2001年10月至2019年10月
台中市烏日廠	2004年6月至2024年6月
基隆廠	2006年3月至2026年3月
苗栗廠	2008年3月至2028年3月

資料來源：公開資訊觀測站　整理：華　倫

目前切入太陽能電廠、汙水廠、再生水廠、河川礫間水質淨化……等。由於新北市新店垃圾焚化廠和新北市樹林垃圾焚化廠分別於2016年和2017年結束代操營運，2017年的稅後淨利稍微下滑（詳見表4），但由於公司很快將營運的觸角延伸到更廣泛的領域，因此2018年稅後淨利再度恢復正成長。

　　崑鼎的售電收入占公司營收的21%（2018年前3季），而台灣夏季電價較高，因此崑鼎代操的垃圾焚化廠在6月到9月時會火力全開以增加獲利，到了第4季（10月到12月）用電淡季才會進行垃圾焚化廠例行歲修（一般工廠年度內例行性預防、保養的作業時間）。由於崑鼎在2018年10月有3座垃圾焚化廠同時歲修，獲利呈現大幅衰退11.31%（詳見表5）。

自結稅前獲利查詢

　　依法規定，上市櫃公司每3個月要公布季報，但是有少數公司每個月都會自結公告公司稅前淨利，崑鼎就是一例。我們可以在公開資訊觀測站首頁（mops.twse.com.tw）點擊❶「營運概況」→❷「自結損益公告」→❸「自結損益公告 ── 月申報」，再輸入欲搜尋的❹公司代號或簡稱（此處以崑鼎（6803）為例），並輸入民國年度，即可看到崑鼎前一個月

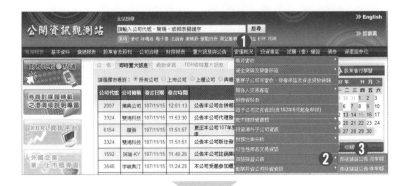

的自結稅前獲利。

未來展望》**4大營運中心陸續完工，將挹注獲利**

1.桃園生質能中心

全國首座三合一生質能源中心，包括焚化廠焚燒垃圾發電；厭氧發酵處理廚餘、水肥、汙水、沼氣發電；垃圾焚化廠底渣、飛灰固化處理後再利用。此BOT案（新建－營運－移轉）預計由中鼎興建至2021年，完工後操作營運則由崑鼎旗下的信鼎負責，至2046年，每天約可處理850公噸生活垃圾、廚餘和一般事業廢棄物。

台灣現有24座營運中的垃圾焚化廠皆已老舊，此座BOT垃圾焚化廠是台灣最近20年以來首座在興建的垃圾焚化廠。中鼎採用最新技術興建，完工後發電效率預計可以達到28%以上（現有垃圾焚化廠發電效率僅20%左右）。

由於此座垃圾焚化廠符合《再生能源發電設備設置管理辦法》，享有1度電售價3.8元的優惠，遠高於一般垃圾焚化廠的1度電2元，再加上桃園市是全台灣廢棄物處理價格最高的

城市,未來營運後,有助於崑鼎的獲利成長。

中鼎集團有了最新、最有效率的興建垃圾焚化廠技術,未來更有機會爭取到其他垃圾焚化廠的代操合約,也有更多的機會爭取到老舊垃圾焚化廠整改後延役的商機。

2.環保水務

中壢地區汙水下水道系統建設BOT案:由中鼎工程股份有限公司及大陸工程旗下子公司欣達環工股份有限公司,共同合資成立的「泉鼎水務股份有限公司」負責興建。2017年8月與桃園市政府簽約,營運期35年(2016年至2051年),屆時將成為桃園市規模最大的汙水處理廠。

高雄鳳山溪再生水廠BTO案(新建-移轉-營運):為國內第1座在台灣建造的再生水處理廠。第1階段工程已於2018年8月完工,9月正式啟用,預計每日可為當地工業區提供2萬5,000公噸的再生水,待未來第2階段工程完工後,預計每日有能力處理逾4萬5,000公噸的再生水。

高雄臨海汙水處理廠與再生水廠BOT案:特許年限18年

表4 因結束垃圾焚化爐代操，2017年獲利下滑
—— 崑鼎（6803）財務數字

年度	2013年	2014年	2015年	2016年	2017年	2018年前3季
稅後淨利（百萬元）	620	679	710	848	761	645
EPS（元）	10.06	10.55	10.84	12.80	11.41	9.63
現金股利（元）	9.01	9.26	9.63	11.34	9.65	－
配息率（%）	89.56	87.77	88.83	88.59	84.57	－

註：資料統計至2018年第3季；2016年子公司瑞鼎廢物處理公司（澳門）有一次性獲利，此金額原提列於流動負債，經業者認可回轉為獲利；現金股利為股利所屬年度
資料來源：公開資訊觀測站　　整理：華　倫

（2018年至2036年），為國內首座結合公共汙水處理廠與大型再生水廠的專案，讓汙水在處理後作為工業用水使用，化身都市小水庫。預計2021年興建完工後，可為高雄臨海工業區提供每日3萬3,000噸的再生水。

未來幾年，上述BOT或BTO案陸續完工加入營運行列，屆時可能會由崑鼎或崑鼎旗下新成立的特許公司負責營運並挹注獲利。

3.太陽能發電廠

太陽能發電廠的營運是由昱鼎負責。昱鼎在2018年9月20日併入崑鼎，由原先的崑鼎持有50%股權，變成100%持股，從2018年第4季開始，昱鼎的獲利就能完全挹注崑鼎。

目前在太陽能發電廠方面，除了美國紐澤西州Lumberton太陽能發電廠已經在2016年完工啟用併聯發電之外，台灣部分也有不少得標案件（詳見表6）。

由於昱鼎具有豐富的太陽能開發、建廠及營運的經驗，也具有電力自由化及碳權買賣的實務交易經驗，台灣若將來通過電力自由交易法案，也有助於昱鼎的營運。

4.廢IPA回收再利用新廠

耀鼎為半導體製程所產生的廢異丙醇（IPA）回收再利用領域的新廠，過去廢IPA都當成廢棄物送至崑鼎操作的垃圾焚化廠進行焚化處理，如今循環經濟當道，崑鼎將耀鼎併入集團中，將低濃度的廢IPA透過提純技術取得後，純化為99.5%的IPA，再作為工業級產品銷售。若將提煉技術提升，可以提煉出濃度99.99%的電子級產品銷售。

表5 崑鼎2018年10月獲利大幅衰退11.31%
——崑鼎近3年單月獲利及成長率

月份	2016年	2017年		2018年	
	獲利（萬元）	獲利（萬元）	成長率（%）	獲利（萬元）	成長率（%）
1	8,378	9,104	8.66	10,212	12.18
2	8,350	8,936	7.00	9,453	5.78
3	67,194	9,656	N/A	10,242	6.08
4	8,581	7,859	-8.41	9,382	19.39
5	1,925	9,790	-10.39	11,172	14.12
6	10,764	11,382	5.75	11,860	4.19
7	9,101	9,737	6.98	11,277	15.82
8	10,506	10,645	1.33	11,684	9.76
9	9,064	9,469	4.46	13,997	47.82
10	9,133	9,259	1.38	8,212	-11.31
11	8,562	7,663	-10.49	－	－
12	8,947	6,866	-23.26	－	－

註：資料統計至 2018.10；2016.03 子公司瑞鼎有一次性獲利 6 億多元，此金額原提列於流動負債，經業者認可回轉為獲利；本表獲利數據為公司每月自結合併稅前淨利
資料來源：公開資訊觀測站　整理：華　倫

　　耀鼎廠房將於2018年底前整改完畢後，於2019年上半年即可有營收貢獻，待再利用執照許可後，預計於2019年下半年，就可以對廢IPA進行提煉，屆時會有更大的營收及獲利挹注。

投資建議》**股價175元以下可承接**

我的選股條件當中有一項是「不受景氣影響,每天重複消費」,崑鼎完全符合此一標準,不管大環境景氣變化、中美貿易戰爭、英國脫離歐盟、美國聯準會(Fed)升息或降息,崑鼎的營運受到的影響幾乎微乎其微。崑鼎聚焦3大領域:再生物質、再生能源、再生水,隨著未來事業版圖不斷擴大,公司也將穩定成長。

崑鼎的股權集中在大股東手中,因此每天的成交量不高,股價波動也不大,也具有高殖利率的特性,可歸類為穩健成長的「定存股」。若以2018年配發2017年度現金股息9.65元來計算,若要求殖利率達到5.5%,股價175元以下可承接;若要求殖利率要達到6%,則股價必須要來到160.5元以下。但隨著公司獲利能力提升,配息也將逐年增加,買進價格也可以適度向上修正。

未來幾年影響崑鼎營運的重點還有一個,就是代操的垃圾焚化廠將於2019年底陸續期滿,屆時必須重新再招標。如前所述,崑鼎在興建桃園生質能中心的垃圾焚化廠之後,已取得更

表6 昱鼎取得台灣11案太陽能廠開發權利
—— 昱鼎太陽能廠得標案件

項目	地面型	屋頂型	水面型
已併聯運轉 （共8案）	台南鹽水掩埋場2案、台南麻豆掩埋場4案	－	嘉南水利會水面型電廠2案
興建申設中 （共8案）	嘉義竹崎掩埋場4案	台北捷運機廠、長興淨水廠、俊鼎大林新廠、高雄港區4案	－
已取得 開發權利 （共11案）	台南市掩埋場第三期4案	桃園捷運蘆竹機場、高鐵桃園車站、高鐵六家基地	高鐵烏日基地滯洪池、高鐵左營基地滯洪池、高捷北機場及大寮機場滯洪池

註：資料統計至 2018.11　　資料來源：崑鼎 2018 年法說會報告　　整理：華　倫

先進的技術，崑鼎也展現高度的信心可以取得標案，但最後結果還是要持續追蹤。

大地-KY（8437）
中國幼教第2大品牌，市占率持續擴大

　　大地幼教（DADI）股份有限公司於2008年5月設立於英屬開曼群島，並於2015年5月6日回台上櫃（股票名稱：大地-KY；股票代號：8437）。公司主要營業項目為提供學前教育（幼兒園）諮詢顧問服務，開發並銷售各類軟件、硬體、教材、文具……等相關教育用品。

　　大地-KY董事長程欽坤於1989年進入中國市場考察，覺得大有可為，1993年於中國成立第一所大地幼兒園。至2014年為止，大地幼教在全中國的市占率為0.13%，排名第2，但是在某些中國東南沿岸省分的市占率排名是第1位，另外在「小區配套」的市占率，大地幼教也是全中國第1品牌（詳見表1）。

　　所謂「小區」指的是中國城鎮化之後的新社區，每個小區大概有2,000戶到3,000戶，整個小區會有一所幼兒園。

表1 大地幼教市占率為全中國第2
——中國幼教品牌市占率排名

排名	品牌	市占率	營運範圍	經營模式
1	北京紅纓	0.60%	中國全區	加盟、品牌授權、教材
2	大地幼教	0.13%	中國全區	顧問服務、軟硬體銷售維護
3	紅黃藍	0.11%	中國全區	加盟、保教費、興趣班
4	小金星	0.04%	福建	保教費、興趣班
5	吉的堡	0.03%	中國沿海	品牌輔導、特色課程
6	三之三	0.03%	中國沿海	品牌輔導、特色課程
7	伊頓	0.02%	北京	保教費、興趣班
8	小哈津	0.02%	瀋陽	保教費、興趣班
9	金蘋果	0.02%	四川	保教費、興趣班

註：資料統計至 2014 年　　資料來源：Money DJ 理財網　　整理：華　倫

大地-KY和建商、地產公司共同開發新社區，還有客製化幼兒園，幼兒園的裝潢設計和課程都與當地省分的風俗民情有關。

截至2018年5月，中國只有青海省沒有大地幼兒園加盟，其他省分或地區都有大地幼兒園設立，最遠到新疆和內蒙都可

見大地-KY品牌的幼兒園。

大地-KY的經營模式和中國幼教第1品牌北京紅纓略有不同，大地-KY提供加盟主一切顧問諮詢服務，並提供軟體、文具等資源，甚至師資培訓，都由大地-KY總部負責（詳見表2），而北京紅纓雖然是中國第1品牌，幼兒園數是大地-KY的4倍，但由於北京紅纓主要是品牌授權，並沒有提供顧問服務，因此獲利只有大地-KY的1/3。

營運概況》**加盟主變多，獲利表現持續攀高**

傳統父母都有「小孩不能輸在起跑點上」的觀念，家庭的教育開銷總是優先要支出的，因此大地-KY符合「長久不變、不受景氣影響、每天重複消費」的選股條件。

由於大地幼兒園在中國已經算是知名品牌，隨著加盟主愈來愈多，大地-KY的單位成本也逐漸降低，由近年來大地-KY的毛利率和營業利益率不斷攀高就可以得知（詳見表3）。

大地-KY在2013年代理英語學習網頁ABCmouse教材，至

表2 **大地-KY提供顧問項目擴及協助空間裝修**
——大地-KY（8437）顧問服務家數

項目	2011年	2012年	2013年	2014年	2015年	2016年	2017年	2018年
園方自行裝修（家）	144	144	146	131	145	152	155	168
大地協助裝修（家）	0	17	34	54	70	99	140	157
試營運（家）	27	39	43	38	38	30	27	25
合計（家）	171	200	223	223	253	281	322	350

註：資料統計至 2018.08；大地-KY 在顧問項目中包括與合作園方共同設計教學空間並協助裝修
資料來源：大地-KY 2018 年法說會簡報　　整理：華　倫

2018年5月，約有50%以上的幼兒園採用此教材，更有20%的幼兒園是全美語教學，未來也會不斷提高全美語教學的比率。除此之外，大地提供多元的課程，舉凡數學課程、邏輯課程、繪畫課程、曲棍球課程……等，隨著加盟主的需求變多，大地-KY也都能逐年調漲學費。

表3 大地-KY營運成績持續攀高
——大地-KY（8437）毛利率和營業利益率變化

季	2015年		2016年		2017年		2018年	
	毛利率	營業利益率	毛利率	營業利益率	毛利率	營業利益率	毛利率	營業利益率
1	79.44%	50.25%	79.37%	60.18%	80.26%	61.84%	85.30%	68.18%
2	84.30%	45.34%	87.30%	62.83%	89.54%	66.88%	89.20%	68.13%
3	73.94%	54.20%	74.77%	59.52%	76.81%	61.49%	79.63%	66.52%
4	84.49%	58.36%	84.92%	63.63%	84.99%	70.59%	－	－

註：資料統計至2018年第3季　　資料來源：XQ操盤高手　　整理：華倫

　　根據2018年5月大地-KY在櫃買中心舉辦的法說會資訊，大地-KY董事長特助張宇碩提出，目前中國幼兒園的學費還處於調漲階段，每年9月份平均會有6%到8%的漲幅。

　　每年7月是新學年度的開始，加盟主會採購新學年的文具、教材等，因此每年7月份是大地-KY營收最高的月份，而第3季也是大地-KY獲利最高的季度，隨著過去幾年幼兒園數增加、學費調漲，大地-KY的營收（詳見表4）和獲利（詳見表5）皆呈現高成長態勢。

表4 大地-KY2018年累計營收年增率多逾20%
——大地-KY（8437）近2年營收與年增率

2017年			2018年				
月	營收（千元）	年增率（％）	月	營收（千元）	年增率（％）	累計營收（千元）	年增率（％）
1	61,745	3.25	1	73,494	19.03	73,494	19.03
2	60,271	25.17	2	71,941	19.36	145,436	19.19
3	71,794	3.28	3	89,402	24.53	234,838	21.17
4	48,888	4.80	4	64,347	31.62	299,185	23.27
5	53,499	2.40	5	70,760	32.26	369,945	24.90
6	54,248	6.74	6	67,851	25.08	437,796	24.93
7	92,327	10.74	7	113,031	22.42	550,827	24.40
8	77,530	13.89	8	91,095	17.50	641,922	23.37
9	87,935	16.85	9	101,956	15.94	743,878	22.30
10	58,846	16.70	10	67,052	13.94	810,929	21.56
11	61,460	16.56	11	－	－	－	－
12	82,311	14.24	12	－	－	－	－

註：資料統計至 2018.10　　資料來源：Yahoo! 奇摩股市、公開資訊觀測站
整理：華　倫

未來展望》讓中國5大幼兒園品牌合計市占率逾8%

中國在2015年一胎化政策解禁，全面開放二胎，新增的幼兒將在2018年到2019年入學，為迎接此波入學潮，大地-KY

表5 **每年第3季為大地-KY獲利最高季度**
——大地-KY（8437）近4年稅後淨利、年增率

季	2015年稅後淨利（萬元）	2016年稅後淨利（萬元）	年增率（%）	2017年稅後淨利（萬元）	年增率（%）	2018年稅後淨利（萬元）	年增率（%）
1	5,173	7,434	43.69	9,012	21.23	12,833	42.40
2	3,920	7,092	80.90	8,628	21.66	10,435	20.95
3	8,566	9,521	11.15	13,036	36.91	16,236	24.54
4	7,398	9,526	28.76	11,983	25.80	－	－

註：資料統計至2018.10　　資料來源：Yahoo! 奇摩股市、公開資訊觀測站
整理：華　倫

計畫未來每年將新增50所幼兒園。按照董事長程欽坤的估計，未來中國幼兒園的缺口還高達10萬所以上，以大地-KY的品牌優勢，將持續擴點，並且提供更完善的教學課程以利公司成長。

除了新生兒增加之外，中國政策導向是提高入學率，到2020年，目標計畫學前一班（即台灣幼兒園的大班）的入學率能提高到95%，學前二班（即台灣幼兒園的中班）的入學率能提高到80%，學前三班（即台灣幼兒園的小班）的入學

表6 中國將提高幼兒園入學率至逾70%
——中國幼兒園入學率

項目	2009年	2015年	2020年
學前一班（大班）	74%	85%	95%
學前二班（中班）	65%	70%	80%
學前三班（小班）	51%	60%	70%

註：2020年為預估值　　資料來源：Money DJ理財網　　整理：華　倫

率能提高到70%（詳見表6）。

　　一個國家的幼兒園市占率不像其他產品可以高到數十個百分點，就以我持有的某些股票來講，中華食（4205）的中華豆腐、大統益（1232）的美食家沙拉油、日友（8341）的醫療廢棄物處理量、統一超（2912）在台灣的便利商店店數……等，市占率都超過50%。先進國家如美國，連鎖幼兒園前5大品牌加起來也僅僅占美國約10%的市占，因此程鈦坤的目標是，未來中國前5大的幼兒園合計可以擁有8%以上的市占率（截至2018.10，中國前5大品牌幼兒園合計的市占率尚不到1%）。

　　對大地-KY有利的條件是已經站穩中國第2大品牌，未來在出生幼兒增加、入學率增加、學費調漲、每年新增幼兒園數又能如公司預期增加的情況下，未來幾年應該還是處於成長態勢。

投資建議》留意官方政策後續，待穩定再進場布局

　　過去幾年大地-KY的配息率和殖利率並不高，因為公司正處於高速成長階段，資金需求較高，因此配息並不高（詳見表7），大地-KY在投資組合中應該屬於「成長股」，而不是「定存股」。若以2018年除權息前一日（2018.08.01）的收盤價254元來看，配息7.09元（即所屬2017年所配發），現金殖利率僅僅2.79%，若要求現金殖利率5%、甚至6%以上，恐怕找不到買進點。因此建議可以用過去幾年的平均本益比去看，建議在18倍以下可以考慮買進布局。

　　在2018年11月15日的中國《第一財經》新聞報導：

　　「中國國務院發布關於學前教育深化改革規範發展的若干意見，明確要求遏制過度逐利行為。意見提出，民辦幼兒園一律不准單獨或作為一部分資產打包上市；上市公司不得通過股票

表7 **因公司正處高成長階段，影響配息表現**
——大地-KY（8437）近4年EPS與現金股利

項目	2014年	2015年	2016年	2017年
EPS（元）	7.19	8.06	10.32	12.59
現金股利（元）	3.50	4.65	6.13	7.09
配息率	48.68%	57.69%	59.40%	56.31%

註：現金股利為股利所屬年度　　資料來源：Goodinfo! 台灣股市資訊網　　整理：華　倫

市場融資投資營利性幼兒園，不得通過發行股份或支付現金等方式購買營利性幼兒園資產。意見提出，各地要把發展普惠性學前教育作為重點任務，結合本地實際，著力構建以普惠性資源為主體的辦園體系，堅決扭轉高收費民辦園占比偏高的局面。」

消息一出，大地-KY在11月16日的股價開盤即重挫超過9%，差點被打入跌停板。

所謂「普惠型幼兒園」，就是將幼兒園的學費降低，但政府會給予相對的補助，類似台灣公辦民營的概念。幼兒園業者的

獲利並不會改變，但因學費較親民，可以快速提高入學率。

中國的第 3 大連鎖幼兒園紅黃藍教育（RYB），因為是直營幼兒園，而且都是屬於「營利性幼兒園」，並非普惠型幼兒園，因此消息一出，紅黃藍在美國發行的存託憑證（ADR）更是大跌超過 50%。

但反觀大地 -KY 的營運模式，和紅黃藍不同的是，大地 -KY 提供顧問服務、品牌、幼教文具與企業軟體給加盟主，並非實際經營幼兒園。大地 -KY 目前所有的客戶 99%（截至2018.11.23）皆屬於「非營利幼兒園」，學費必須經過當地物價局審批核可通過才可施行，且不用繳稅，而這些客戶中也有 30% 的幼兒園屬於普惠型幼兒園（截至 2018.11）。針對中國官方政策，大地 -KY 也將輔導客戶持續做普惠型幼兒園，此後續效應我們還需要持續再觀察。

最後還是要提醒讀者，買進建議是在公司獲利穩健成長的情況之下設定的，公司的基本面隨時都會改變，逐月、逐季觀察追蹤財報還有官方政策導向，也是投資人必須要做的功課。

基士德-KY（6641）
靠「診斷式銷售法」，手握中國水務龍頭訂單

基士德-KY（6641）在2013年成立於英屬開曼群島，主要的經營主體為川源（中國）機械有限公司，及上海川源機械工程有限公司，經營項目為生產及銷售汙水設備，包括水泵、攪拌機、風機……等11個系列、40個種類、3,000多種全方位完整的機型，其他國際品牌或同業中少有如此完整的設備項目。

基士德-KY並提供安裝及維修、環保技術諮詢、工程設計服務，並銷售藥劑和耗材，服務的行業別涵蓋造紙業、紡織業、食品業、化工業、建築業、製藥業、汙水廠、再生水廠……等服務，並已在中國建立上海、北京、青島、蘇州、廣州等分公司，轄下設立33個區辦公室。

中國國務院在2015年4月正式發布「水十條」（全稱《水汙染防治行動計畫》），其工作目標明訂2020年中國水環境

品質達到階段性改善；2030年力爭中國水環境品質總體改善，水生態系統功能初步恢復。而在2016年發布的「十三五規畫」（全稱《「十三五」全國城鎮汙水處理及再生利用設施建設規畫》）中，更加大對汙水處理及再生水處理的投資（詳見表1），包括各類設施投資人民幣5,600億元和監管能力建設人民幣44億元，合計共人民幣5,644億元（約合新台幣2兆5,009億元）。

近年來中國重視環保，在「限汙令」的嚴格執行下，不少工廠由於汙水排放無法達標，被中國政府施以罰款甚至勒令停工處分，也對汙染企業的負責人施以刑事責任，凡此種種措施都加大了中國環保產業的龐大商機。若要達到「十三五規畫」的要求，環保產業占中國GDP的比重將從2015年的1.6%成長到2020年的3%，而基士德-KY在汙水設備服務相關領域已經建立中高階品牌形象，有助於公司未來發展。

營運概況》**躋身中國環保水務前10大品牌**

基士德-KY的前身為川源公司的中國部門，川源擅長工業水泵製造，於2013年由現任基士德-KY董事長謝宏炅買下部

表1 中國開始加強對汙水再處理設施的投資
——中國十二五規畫vs.十三五規畫

投資項目		十三五規畫 （人民幣億元）	十二五規畫 （人民幣億元）	*成長率
新增管網 投資	新建配套 汙水管網	2,134	2,443	28.08%
	老舊汙水 管網改造	494		
	雨汙合流 管網改造	501		
新增汙水處理設施		1,506	1,040	44.81%
提標改造汙水處理設施		432	137	215.33%
新增或改造汙泥無害化 處理處置設施		294	347	-15.27%
新增再生水生產設施		158	304	-48.03%
初期雨水汙染治理設施		81	—	—
監管能力建設投資		44	—	—
合 計		**5,644**	**4,271**	**32.14%**

註：「十二五規畫」指中國制定的從 2011 年到 2015 年發展國民經濟的計畫；「十三五規畫」
　　則是指中國制定的從 2016 年到 2020 年發展國民經濟的規畫；＊「成長率」為十三五規
　　畫相較於十二五規畫的成長率
資料來源：基士德-KY2018 年法說會報告、中國《「十三五」全國城鎮汙水處理及再生利
用設施建設規畫》　　整理：華　倫

門，並轉型為環保公司。但要在競爭激烈的中國市場立足，並不是只靠賣水泵就能生存，基士德-KY能拿下中國前3大水務集團的國營企業訂單，打敗國際大廠西門子（Siemens）、賽

萊默（Xylem）……，靠的就是「診斷式銷售法」。

目前中國的汙水廠設備多已老舊，無法達到現行的法規排放標準，基士德-KY就扮演「汙水醫生」的角色，基士德-KY提供汙水廠整體解決方案，從設計流程、設備客製化改造、維修、甚至到投藥、水質監控、調配人力和電力……等服務，由於此種服務就像是醫生在診斷病人，故稱為「診斷式銷售法」。

由於基士德-KY近年來打造的自有品牌「GSD」成功深入人心，現已成為中國環保設備前10大品牌廠商，獲利、毛利率和營業利益率的表現也都大幅度成長。稅後淨利部分，從2015年的2,600萬元，成長到2016年的7,600萬元，2017年近一步成長到1億4,400萬元，2018年11月甫公布的2018年前3季財報，更已經高達1億6,900萬元，超過2017年全年的成績（詳見表2）。若以股本3億4,000萬元（截至2018.11.13）來計算，EPS為4.97元，若以加權平均股本3億200萬元來看，EPS為5.6元。

在本書完稿之際的2018年年底，正面臨中美貿易戰爭引發

表2 基士德-KY稅後淨利表現持續成長
—— 基士德-KY（6641）歷年獲利狀況

項目	2015年	2016年	2017年	2018年前3季累計
稅後淨利	0.26億元	0.76億元	1.44億元	1.69億元
EPS	0.86元	2.52元	4.81元	4.97元
股本	3億元	3億元	3億元	3.4億元
毛利率	38.60%	38.97%	39.16%	39.81%
營業利益率	3.08%	6.29%	11.68%	14.92%

資料來源：XQ 操盤高手　　整理：華　倫

市場觀望氣氛，近期也盛傳不少公司要將廠房撤出中國，移往台灣或東南亞地區設廠，因此廠商下單多採取保守態度。基士德-KY在2018年上半年的營收經歷大幅度成長之後，從10月營收開始呈現YOY（營收年增率）衰退（詳見表3），但公司強調環保水務仍是中國支柱產業，長期發展看好。

未來展望》**發展更有效率的智慧監控系統**

中國人口眾多，將近14億人，而製造的髒亂、工廠排放的廢水等，都使得乾淨的水資源是貧乏的。在「美麗新中國」的

口號之下，如何把遭受汙染的水，經過處理後回收再用，甚至雨水再利用都是長遠發展的政策。

中國政府要求的不僅僅是汙水防治，也很重視節能省電，希望設備都能高效率運作，用更少的設備卻能創造更大的效益。謝宏炅提到，目前中國的客戶普遍面臨「4大痛點」：1.高人力成本；2.高電力成本；3.高藥劑成本；4.高設備維修成本，而基士德-KY提供客戶整體解決方案，讓客戶很快就能回收購買設備成本，因此客戶對於基士德的黏著度很高，這都是公司的競爭優勢。

另外，基士德-KY和研華（2395）合作物聯網智慧水務系統，合資成立的川研公司，預計將於2019年正式營運。為了降低客戶的人力、物力、電力……等成本，公司將發展更有效率的智慧監控系統，更精確的偵測水質，並正確加藥，在設備的維護方面，也會抓出更精確的時間點。

投資建議》若營收、獲利出現大幅波動須出場

在我的選股條件中有一項重要的是「不受景氣影響」，環保

表3 基士德-KY2018年營收年增率出現衰退
—— 基士德-KY（6641）近2年7～10月月營收與年增率

月份	2017年月營收（萬元）	2018年月營收（萬元）	年增率（%）	2018年累計月營收（萬元）	年增率（%）
7月	14,197	17,598	23.96	108,292	30.59
8月	14,291	17,412	21.85	125,704	29.30
9月	15,652	16,030	2.42	141,734	25.57
10月	13,283	12,289	-7.49	154,023	22.09

資料來源：XQ操盤高手　　整理：華倫

水務公司的確比較不受景氣影響；但有另外一項條件是「每天重複消費」。

基士德-KY的汙水設備賣斷之後，客戶即不再消費，頂多日後提供藥劑、耗材或設備維修，這和山林水（8473）是不同的，山林水每天操作汙水廠，每天都會「消費」，我喜歡每天消費的公司。這有點像新麥（1580）和德麥（1264）。新麥賣的是烘焙設備，在2007年12月掛牌上櫃時，股價不

過30元左右,之後變成全中國最大的烘焙設備製造廠商。到了2014年,新麥股價攀上歷史高峰202元(2014.12.15盤中高點)。但畢竟一台烘焙機器耗損,要更換新機台動輒是7、8年的時間,並不是每天重複消費,新麥在2016年2月股價又暴跌至84.4元(2016.02.16盤中低點),跌幅高達58%。

但反觀德麥供應烘焙原料,是每天必須要重複消費的,因此獲利比較穩定,2018年前3季,德麥的獲利已經超越新麥(詳見圖1)。

由圖1可知,像新麥這種販售設備的公司,獲利比較不穩定,股價就有可能產生比較大幅度的波動,這是存股族比較不樂見的。

再回到基士德-KY,基士德提供的是汙水設備,由於機器設備都會前幾個月接單,並不是每天都會消費的,會有「訂單能見度」的問題。我們後續要觀察的就是,子公司川研公司的物聯網智慧水務系統何時可以貢獻獲利,因為只要對此系統下單的客戶都屬於每天重複消費,基士德-KY的營運也不致出現暴

圖1 供應烘焙原料，德麥獲利能力穩定
——德麥（1264）與新麥（1580）的稅後淨利

註：2018年數據為前3季累積　資料來源：公開資訊觀測站　整理：華倫

起暴落的狀況。

　　由於基士德-KY於2018年9月21日才剛在台灣掛牌上市，目前可以得到的訊息並不多，因此我們要持續追蹤基士德的營運狀況，包括營收、獲利、毛利率、營業利益率的變化，還有中國其他同業競爭對手的狀況。

　　基士德-KY於2017年度配息率約在6成左右，在公司還處於

成長階段的時候，我們也可以依照殖利率和本益比尋找合適的買點；然而一旦公司營收、獲利出現較大的衰退波動，也需要適時出場。

國家圖書館出版品預行編目資料

流浪教師存零股 存到3000萬全新增修版 / 周文偉著. --
二版. -- 臺北市：Smart智富文化，城邦文化，2018.12
　面；　公分
ISBN 978-986-97152-1-8(平裝)

1.股票投資 2.投資技術 3.投資分析

563.53　　　　　　　　　　　　　　　107019313

Smart 智富

流浪教師存零股　存到3000萬
【全新增修版】

作者	周文偉（華倫）
企畫	黃嫈琪、周明欣

商周集團	
榮譽發行人	金惟純
執行長	王文靜

Smart智富	
社長	朱紀中
總編輯	林正峰
攝影	翁挺耀
資深主編	楊巧鈴
編輯	李曉怡、林易柔、周恩旭、邱慧真、胡定豪
	施茵曼、連宜玫、陳庭瑋、劉鈺雯
資深主任設計	張麗珍
封面設計	廖洲文
版面構成	林美玲、廖彥嘉
影音主編	陳俊宇

出版	Smart智富
地址	104台北市中山區民生東路二段141號4樓
網站	smart.businessweekly.com.tw
客戶服務專線	（02）2510-8888
客戶服務傳真	（02）2503-5868
發行	英屬蓋曼群島商家庭傳媒股份有限公司城邦分公司

製版印刷	科樂印刷事業股份有限公司
初版一刷	2015年9月
二版二刷	2019年1月

ISBN	978-986-97152-1-8

為了提供您更優質的服務，《Smart 智富》會不定期提供您最新的出版訊息、優惠通知及活動消息。請您提起筆來，馬上填寫本回函！填寫完畢後，免貼郵票，請直接寄回本公司或傳真回覆。Smart 傳真專線：（02）2500-1956

1. 您若同意 Smart 智富透過電子郵件，提供最新的活動訊息與出版品介紹，請留下電子郵件信箱：

2. 您購買本書的地點為：☐ 超商，例：7-11、全家
   ☐ 連鎖書店，例：金石堂、誠品
   ☐ 網路書店，例：博客來、金石堂網路書店
   ☐ 量販店，例：家樂福、大潤發、愛買
   ☐ 一般書店

3. 您最常閱讀 Smart 智富哪一種出版品？
   ☐ Smart 智富月刊（每月 1 日出刊）　☐ Smart 叢書　☐ Smart DVD

4. 您有參加過 Smart 智富的實體活動課程嗎？　☐ 有參加　☐ 沒興趣　☐ 考慮中
   或對課程活動有任何建議或需要改進事宜：

5. 您希望加強對何種投資理財工具做更深入的了解？
   ☐ 現股交易　☐ 當沖　☐ 期貨　☐ 權證　☐ 選擇權　☐ 房地產
   ☐ 海外基金　☐ 國內基金　☐ 其他：

6. 對本書內容、編排或其他產品、活動，有需要改善的事項，歡迎告訴我們，如希望 Smart 提供其他新的服務，也請讓我們知道：

您的基本資料：（請詳細填寫下列基本資料，本刊對個人資料均予保密，謝謝）

姓名：	性別：☐ 男　☐ 女
出生年份：	聯絡電話：
通訊地址：	

從事產業：☐ 軍人　☐ 公教　☐ 農業　☐ 傳產業　☐ 科技業　☐ 服務業　☐ 自營商　☐ 家管

您也可以掃描右方 QR Code、回傳電子表單，提供您寶貴的意見。

想知道 Smart 智富各項課程最新消息，快加入 Smart 自學網 Line@。